歴史文化ライブラリー

301

都市鎌倉の中世史

吾妻鏡の舞台と主役たち

秋山哲雄

JN067704

吉川弘文館

目次

鎌倉と北条氏の時代―プロローグ……1
武士の都?／北条氏はどこに住んでいたのか／寺院密度の高い都市、鎌倉／都市鎌倉の誤解を解く／『吾妻鏡』の世界

鎌倉の御家人

御家人たちの邸宅……12
娘に恋した父親／群飲を禁ず／ご馳走して下さい／お部屋貸します／弟には貸さぬ

御家人たちの出勤簿……23
そんな言い訳でいいわけ?／主人は不在です／「御所無人」／仕事を下さい

父・兄・弟……33
兄より出世する弟／兄は薩摩へ／三郎・四郎・五郎・六郎／在国・在京・在鎌倉／足利兄弟

甘縄の武士たち……44
安達泰盛亭はどこか／御家人に仕える御家人／みんな親戚／武家屋敷の主は？

北条氏の邸宅をさがせ

伊豆から鎌倉へ……60
北条時政の決断／伊豆での北条氏／北条時政の名越亭／鎌倉の拠点、大倉／北条義時の小町亭

大倉から小町へ……72
北条泰時の小町亭／北条時房の引越／北条経時の小町亭／北条重時の小町亭／北条時頼の小町亭／執権亭の誕生

郊外への展開……87
名越一族／極楽寺流北条氏／金沢一族／政村流北条氏／北条時頼の別荘

鎌倉にお寺が多い理由

持仏堂的寺院……100
義時の「当時館」をさがせ／「三条局宅」をさがせ／泰時の巨福礼別居／寺院のできるまで

境界の寺院……111
北西の境界、円覚寺／南西の境界、極楽寺／鎌倉は城塞的都市か？／北東の境界、大慈寺／南東の境界、名越／鎌倉のモニュメント、大仏

鎮魂の寺院……127
源義朝の鎮魂、勝長寿院／源平争乱の鎮魂、永福寺／得宗の鎮魂、宝戒寺

都市の寺院……137
「浄光明寺敷地絵図」をよむ／円覚寺門前の屋地／浄光明寺周辺の宿所／鎌倉の地主

都市的鎌倉、鎌倉的都市

鎌倉の作られ方……154
鎌倉幕府の成立はいつ？／鎌倉が選ばれた理由／鎌倉の軍事力と寺社／鎌倉のメインストリート

将軍御所と北条氏の邸宅……164
北条泰時の決断／宇津宮辻子御所はどこか／若宮大路御所への移転／二度の御所移転の意義／北条時頼の誤算

若宮大路とは何か……177
若宮大路の大きな誤解／大きな誤解の背景／側溝にかける橋／若宮大路の

側溝／鎌倉の都市計画
鎌倉の求心力……195
鎌倉幕府の「独立」／裁許の求心力／経済の求心力／宗教の求心力
新しい鎌倉像―エピローグ……207
ミクロとマクロの歴史学／共感の歴史学／違いの分かる歴史学／更新しつづける歴史学
あとがき
参考文献

鎌倉と北条氏の時代――プロローグ

1　鎌倉と北条氏の時代

武士の都？

鎌倉は「武士の都」であったとしばしば表現される。確かに武家政権の所在地を「都」と考えれば、この表現は間違いではない。しかし、一方では「いざ鎌倉」という言葉も有名だ。鎌倉でひとたび大事が起これば、御家人たちは鎌倉へ駆けつける義務があったことを示す言葉である。謡曲「鉢木《はちのき》」でも知られるように、常に鎌倉に駆けつける準備をしているのが理想的な御家人であった。つまり、鎌倉幕府の御家人たちは全員が鎌倉に住んでいたのではなく、自分の本拠地である本貫地《ほんがんち》に居住していて、有事でなければ鎌倉には赴かなかった例も想定できるのである。「武士の都」と聞くと、鎌倉中を大勢の武士が闊歩《かっぽ》しているかのようにイメージするかもしれないが、実際には、武士たちが鎌倉という都市といかに関わっていたのか、明らかではない部分が多い。

考古学の分野では、鎌倉市内における発掘調査がすすみ、中世の鎌倉の実態が少しずつ明らかになってきている。しかし、大規模な武家屋敷を検出した事例は、御成《おなり》小学校敷地内の今小路西遺跡で発掘されたものの他はあまり見られない。鎌倉市役所や横浜国立大学附属小学校などの広い面積を有する施設の敷地内を発掘した事例が少ないので、単純には断言できないが、市内の発掘事例を見ていると、庶民が住むような建物が多く、大規模な武家屋敷はほとんどなかったのではないかと思ってしまうほどである。もちろん鎌倉に御家人がまったく住んでいなかったわけではないが、改めて、御家人と都市鎌倉の関係を見つめ直し、鎌倉における御家人のあり方を考え直す必要がある。このことについては本書の「鎌倉の御家人」で明らかにしていこう。

北条氏はどこに住んでいたのか

承久三年（一二二一）に反鎌倉幕府の方針を打ち出した後鳥羽《ごとば》上皇《じょうこう》は、北条義時《ほうじょうよしとき》追討の宣旨《せんじ》を発して西国の武士たちに武力蜂起をうながした。この時の朝廷軍と幕府軍の戦いは早々に決着がつき、幕府は軍事的に朝廷を屈服させた。現在では承久の乱とよばれるこの戦いが終わると、京都から後に将軍となる九条頼経《くじょうよりつね》が鎌倉に迎えられ、源頼朝《みなもとのよりとも》の威光をふりかざしながら、北条政《ほうじょうまさ》子《こ》・義時姉弟や大江広元《おおえのひろもと》らが幕府を運営していった。源氏将軍が途絶えた後、実質的に将軍の役割を担っていたのは北条政子である。承久の乱を経て、北条政子や北条義時、大江広元らの存在感は増し、北条氏が主導する幕府の基礎ができあがった。

義時の死後、北条泰時《やすとき》や北条経時《つねとき》、北条時頼《ときより》らが相次いで執権に就任し、執権を中心とした幕府政治が行われた。評定衆《ひょうじょうしゅう》の設置や御成敗式目《ごせいばいしきもく》の制定、引付《ひきつけ》の設置などはいずれもこの時期に施された政策である。鎌倉幕府のほとんどの時代が、北条氏によって主導されたといってもいいだろう。彼らは鎌倉に拠点を定めて幕府の要職を占め、鎌倉幕府を動かしていった。

北条氏は、当初は将軍権力を利用し、その後は次第に幕府の存在そのものを根拠としながら勢力を拡張していく。末期鎌倉幕府に対する評価についてはまだまだ議論の余地が残されているが、文永十一年（一二七四）と弘安四年（一二八一）の二度にわたる蒙古襲来によって、北条氏を中心とする鎌倉幕府は、否応なしに中国地方、九州地方における対外的な防備を固めざるを得なくなり、それに伴って朝廷や寺社に対してもあれこれと口を出さざるを得なくなっていった。こうして権限を拡張していった北条氏は、鎌倉ではどのような生活を送っていたのだろうか。そもそも彼らは鎌倉の中でもどこに住んでいたのだろうか。この素朴な疑問に対しては、本書「北条氏の邸宅をさがせ」で回答を試みる。

現在の鎌倉を歩くと、多くの寺院を目にすることができる。春には桜、梅雨時にはあじさい、秋には紅葉、冬には枯れた味わいというように、鎌倉の寺院に四季の楽しみを求める観光客は多い。人口密度ならぬ寺院密度からすれば、鎌倉は全国でも一、二を争う高密度であろう。鎌倉幕府内で権力を握った北条氏によって建てられた大寺院も多い。室町時代に鎌倉五山としてまとめられる臨済《りんざい》宗《しゅう》の寺院はその代表例だ。鎌倉幕府の実権を握った北条氏がいかなる意図のもとに寺院を建立していったのか、それが鎌倉という都市にどのような影響を与えていったのか、大いに興味をそそる問題である。さらに、「武士の都」ともよばれる鎌倉に多くの寺院が点在する意味も、改めて考えなければなるまい。

寺院密度の高い都市、鎌倉

また、鎌倉という寺院の密集地帯では、地方都市とは異なる寺院のあり方があったはずである。地方では寺院を中心とした都市づくりが見られ、中世後期には寺内町《じないまち》や門前町《もんぜんまち》といった寺院先行の都市も登場する。しかし、多くの寺院を抱える鎌倉ではそうした現象は見られない。それでは、鎌倉という都市における寺院の特色とは何だったのだろうか。この問題は、鎌倉に寺院が多いことの理由も含めて、理解を深めていきたい課題である。鎌倉における寺院の問題については本書の「鎌倉にお寺が多い理由」でまとめてみよう。

都市鎌倉の誤解を解く

都市鎌倉に関する誤解は少なくない。伝承などは根拠がないからといって一刀両断に切り捨てることはできないが、少なくとも鎌倉時代に史料的な根拠がある事柄については、伝承と比較した上でより確かな像を描くべきであろう。現在でも日々進められている発掘調査の成果についても同様である。伝承と異なる遺構が掘り出されたとしたら、その結果を冷静に伝承と比較検討しなければなるまい。文字史料と考古学の成果との関係についても同じことがいえよう。ひとつの説に固執することなく、常に新たな見解の可能性を探らなければ、過去の文献を用いる文献史学にも、発掘調査に基づく考古学にも、伝承などを研究する民俗学にも、そしてそれらを包括する広義の歴史学にも未来はない。

そこで本書「都市的鎌倉、鎌倉的都市」では、これまでの研究をもとに鎌倉に関するいくつかの誤解を解いていく。若宮大路を京都の朱雀大路《すざくおおじ》になぞらえ、鎌倉にも京都のような碁盤の目条の都市計画があったとか、若宮大路は一般人の立ち入りが禁止された聖なる道であるとか、若宮大路が防衛線の役目を果たしていたとかいうような、さまざまな誤解を、ひとつひとつ解きほぐしていきたい。

「武士の都」ともいわれる鎌倉には、三方を山に囲まれ前面に海が広がる城塞《じょうさい》的な都市であるというイメージがこれまでに定着している。しかし、これもまた誤解である。鎌倉

山内
円覚寺
山内道路
最明寺
明月院
東慶寺
浄智寺
尾藤ヶ谷
建長寺
覚園寺
天台山
北条義時法華堂
薬師堂谷
永福寺
葛原岡神社
小袋坂
北谷
法華堂
扇ヶ谷
泉谷
荏柄社
瑞泉寺
化粧坂切通し
浄光明寺
鶴岡八幡宮
西御門
東御門
大倉薬師堂
銭洗弁天
寿福寺
窟堂
大倉御所
二階堂大路
佐介
亀谷
政所
筋替橋
南御門
大倉観音堂
浄妙寺
武蔵大路
横大路
若宮大路御所
大御堂谷
大倉
無量寿院
宝戒寺
六浦道
明王院
光触寺
鎌倉郡衙跡
中下馬橋
宇津宮辻子御所
小町大路
葛西谷
東勝寺
勝長寿院
報国寺
大慈寺
若宮大路
釈迦堂谷
犬懸谷
比企谷
妙本寺
釈迦堂切通し
宅間ヶ谷
佐々目谷
小町
衣張山
甘縄
下下馬橋
大町大路
安養院
車大路
元八幡
由比浜
大町
安国論寺
名越
現在の海岸線
経師谷
名越切通し
九品寺
弁ヶ谷
【凡例】
葛西谷 ＝『吾妻鏡』に登場する地名・寺社名
安養院 ＝『吾妻鏡』に登場しない地名・寺社名
大倉 ＝『吾妻鏡』に登場する広域地名
光明寺
和賀江島
0 500 1000m

鎌倉地図

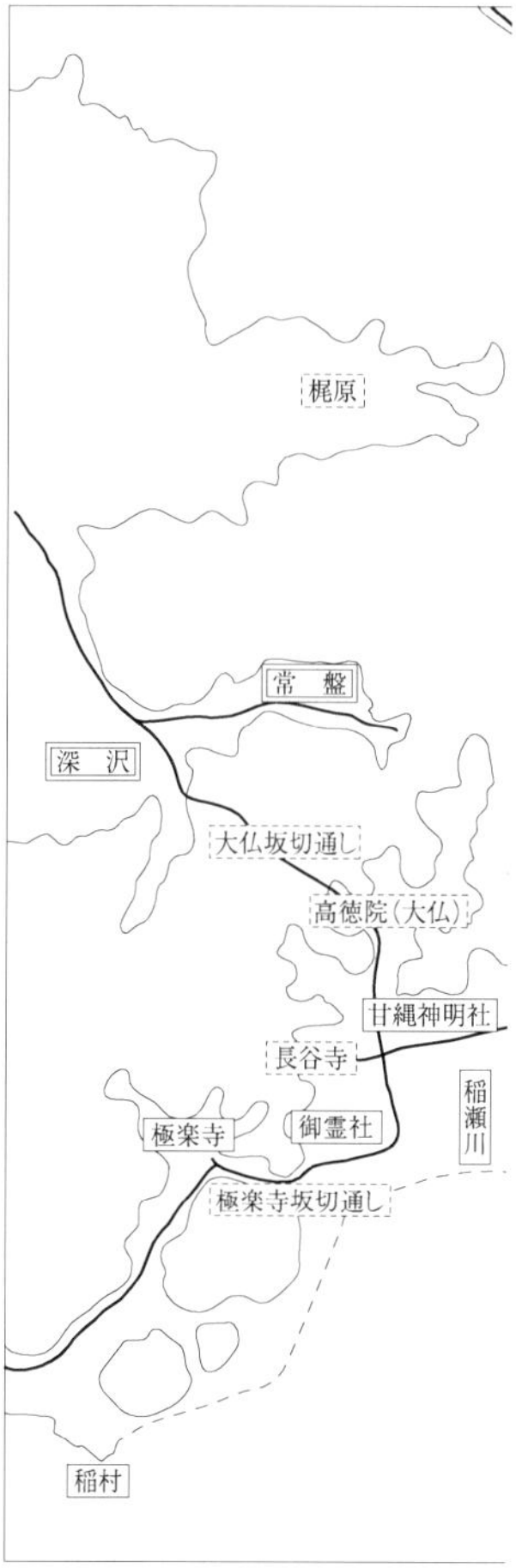

は「武士の都」であるという印象が先行しているため、いつ戦闘が起こってもいいように防御施設が各所に設けられていたと思われがちだが、決してそんなことはない。鎌倉幕府滅亡の際の戦闘も、北条時行《ときゆき》が足利直義《ただよし》から鎌倉を奪還した中先代《なかせんだい》の乱の戦闘も、時行から鎌倉を再奪還した足利尊氏《あしかがたかうじ》の鎌倉入りも、数日で勝負がついている。鎌倉が攻めにくく守りやすい土地ならば、これほど次々に簡単に陥落することはあるまい。そもそも鎌倉が城塞的な都市であることの根拠は少ない。こうした誤解を解いていく中で、鎌倉の持つ求心力などにも言及し、改めて中世の鎌倉像を再構築するのが「都市的鎌倉、鎌倉的都市」の目標である。

『吾妻鏡』の世界

上述のように、鎌倉における御家人のあり方、北条氏の邸宅のありか、鎌倉における寺院、そして最新の都市鎌倉研究の到達点を、それぞれ明確にしていくのが本書の目的である。御家人の生活というミクロな視点からはじまり、北条氏の邸宅のありかや寺院のあり方を明らかにした上で、最終的にはマクロの視点から都市鎌倉をとらえなおすという順序である。検討のために主に用いる史料は『吾妻鏡』だ。『吾妻鏡』は鎌倉時代を知る上でもっとも基本的な史料であり、治承四年（一一八〇）から始まり、文永三年（一二六六）に宗尊親王《むねたかしんのう》が京都へ送還されるまでをつづった歴史書である。編者は不詳だが、鎌倉時代後期の幕府を構成していた家々が自分たちの正統性を主張するために編纂したと考えられている。『吾妻鏡』が編纂されていた時期に幕府中枢を構成していたのは北条氏であったから、『吾妻鏡』の主役は北条氏と考えていいだろう。

この歴史書は伊豆に流されていた源頼朝の挙兵から始まるが、平家追討を源範頼・義経らに任せた頼朝が鎌倉に居を構えてからは、『吾妻鏡』の舞台はほとんどが鎌倉である。分量からすれば、『吾妻鏡』は八割以上が鎌倉を舞台としていることになる。つまり、『吾妻鏡』の舞台は鎌倉であり、その主役は北条氏なのである。本書では『吾妻鏡』の舞台と主役たちに焦点を定めることで、都市鎌倉と北条氏の実像に迫ることを目指す。

なお、『吾妻鏡』をはじめとする文字史料を引用する際には、漢文で書かれたものを書き下し、その後には主要な部分の大意を付して、史料を読み飛ばしても論旨が追えるようにしてある。しかし、鎌倉に関する史料はほとんどが『吾妻鏡』である。できれば書き下しであっても『吾妻鏡』の文体が持つ独特の趣に少しでも触れた上で、『吾妻鏡』に描かれた都市鎌倉と北条氏の世界を楽しんでいただければ幸いである。また、本書はどこから読んでも意味が通じるように書いたつもりだ。興味のある頁から順に開いていただければと思う。

鎌倉の御家人

御家人たちの邸宅

娘に恋した父親

鎌倉幕府ができて五十年以上も経とうという建長二年（一二五〇）六月二十四日、鎌倉でちょっとした事件が起きた。鎌倉の佐介《さすけ》（現在の鎌倉市佐助）で、ある人物が自害したというのである。その頃には万単位の人口を抱えていたであろう鎌倉でも、その事件の噂は瞬く間に広がり、多くの野次馬が佐介に集まってきた。鎌倉幕府が作成したといわれる『吾妻鏡』は、この事件を次のように伝えている。

廿四日戊午。今日、佐介に居住の者、俄《にわか》に自害を企つ。聞く者、競い集まり、この家を囲繞《いにょう》す。その死骸を観るに、この人の聟《むこ》あり。日来《ひごろ》同宅せしむる処、その聟、白地《はくち》、田舎に下向しおわんぬ。その隙を窺《うかが》い、艶言《えんげん》を息女に通じる事あり。息女、殊《こと》に周章《しゅうしょう》し、敢えて許容あたわず。しかるに櫛《くし》を投げしむるの時に取るは、骨肉みな他人に変ずるの由、これを称し、かの父、潜《ひそ》かに女子の居所に到り、屏風《びょうぶ》の上より櫛を投げ入る。息女慮《おも》わずしてこれを取る。よって父、已《すで》に他人に准じ、志を遂げんと欲す。時に図《はか》らずして、聟、田舎より帰着す。その砌《みぎり》に入り来るの間、忽《たちま》ち以て慙《ざん》に堪えず、自害に及ぶと云々。聟、仰天し、非歎《ひたん》の余り、即《すなわ》ち妻女と離別す。彼の命に随わざるにより、この珍事、出来《しゅったい》す。不孝の致すところ也。芳契を施すあたわざるの由と云々。剰《あまつさ》えその身、出家を遂げ修行し、舅《しゅうと》の夢後を訪《とむら》うと云々

『吾妻鏡』によれば、事の顚末《てんまつ》はこうであった。佐介に住んでいた者が自害をしたという話を聞きつけた人々が、野次馬のように集まってその家を取り囲んだ。彼らが目にしたのは、自害した遺体のそばに立ちつくす、その人の聟の姿であった。事情を聞いてみると、その聟と舅は最近になって同居するようになっていたという。つまり義父である舅が、自分の娘とその夫（聟）とともに佐介の家に住んでいたのである。この家で自害という惨劇が起きたのには次のような事情があった。

ある日、聟がちょっとした用事で田舎に帰ることとなった。すると、聟の不在をいいことに、父親（舅）は自分の娘に艶言を伝えるようになる。艶言とは、男女間のなまめいた言葉のことである。簡単にいえば、父が聟の留守に自分の娘を口説いていたということだ。娘はうろたえてしまったが、もちろん父を受け入れようとはしなかった。そこで父親は考

えた。櫛を投げた時に相手がそれを受け取ったならば、親類であろうと親子であろうと、血縁関係がなくなって他人も同然になるのだという。それをうまく利用すれば、自分の思いを遂げられるはずだ。そこで父親は、娘の居所に忍び込み、自分だと気付かれないようにして屛風の上から櫛を投げ入れた。娘は思わずその櫛を手にとってしまう。それを見た父親は、もう親でも子でもなく他人なのだからといって、本懐を遂げようと娘に襲いかかったのである。

ちょうどその時、聟が田舎から帰ってきた。父親はあわてた。自分の娘に襲いかかっているところを娘の夫（聟）に見られてしまったのだ。父親は自責の念に堪えきれず自害してしまう。一方で聟はというと、驚きと悲しみのあまり妻と離別し、出家して舅の菩提をとむらうことに決める。妻にはこう伝えたという。父親の命にしたがわないという親不孝をしてこのようなことが起きてしまったのだから、あなたとは良い関係を保つことはできないと。

この悲劇とも喜劇ともつかぬ出来事は、櫛が血縁関係において果たす役割を考える上でも興味深い事例である。しかしここでは、聟の居住形態に注目したい。鎌倉の佐介には舅の家があり、その娘のもとに聟がやってきて結婚したことになる。そして聟は、ときおり田舎と鎌倉を行き来していたのである。『吾妻鏡』に登場することからして、舅も婿も御家人クラスの人物であろう。その中で聟は、田舎と鎌倉を往返する立場にあった。ここでいう田舎とは、武士の名字の地とよばれるような本貫地《ほんがんち》のことだと考えられる。つまり武士の中には、鎌倉に定住せずに、本貫地と鎌倉とを往返するような人々が確実にいたのである。おそらく彼らは、本貫地と、鎌倉という政権所在地との間を結ぶ機能を担っていたのであろう。したがって、聟にとって佐介の家は、本貫地に対する鎌倉出張所のような意味合いを持っていたと考えられる。だからこそ聟はしばしば田舎に帰っていたのであり、聟がちょくちょく田舎に帰るからこそ、舅はその機会をうかがって娘に艶言を伝えていたのである。

群飲を禁ず

鎌倉における武士の住居が、本貫地に対する鎌倉出張所という機能を持っていたことが分かる事例を、もう少し紹介しよう。鎌倉幕府が「御成敗式目」という五十一ヵ条にわたる法律を定めたことは有名だが、幕府はその前後で、個別案件に応じた判例を蓄積して法令化していた。それらは「追加法」とよばれ、今日にまで伝えられている。つまり「御成敗式目」以外にも幕府の法令は多く残されているのである。その中で興味深いのが、弘長元年（一二六一）二月二十日に出された次の法令である。

一、群飲を禁制すべき事

遠近の御家人参上の時、旅籠《はたご》の振舞《ふるまい》と称し、盃盤の儲けを堆《つ》み、引出物《ひきでもの》と号して、財産を貪《むさぼ》るの条、世のため費《ついえ》あり。人のため煩《わずらい》多し。自今以後《じこんいご》、これを停止《ちようじ》せしむべし。かつがつ又、客人の饗応《きようおう》、みな略儀を存じ、過分を止むべし。

条文の冒頭には、「群飲を禁制すべき事」ということの法令の大意が示されている。簡単にいえば、群れをなして飲むことを禁止するということだ。群飲とは、酒飲みにはインパクトのある言葉だろう。これが禁止されてはたまらん、という読者も多いかもしれない。いやいや、法令の大意だから、絶望するのは具体的な内容を読んでからにしよう。肝心の法令の中身は以下の通りである。

遠近にかかわらず、御家人が何らかの用事で鎌倉にやってきた時に、「旅籠の振舞」だといって大宴会を催し、引出物だといって財産をばらまくのは費用の無駄であるし、面倒なことなので、今後はこれを禁止する。また、自分の家に来客があった時の応接はほどほどにして、過剰な接待はしてはならない。

ここでは、普段から大酒を飲むことが禁止されているのではない。当時は「旅籠の振舞」という慣習があり、旅先では地元の人間を招き寄せて大宴会をするのが通例であった。そして宴会が終わる頃には、招いた人々に「引出物」を持たせるのが一般的だったのである。もちろん振舞というからには、大盤振舞《おおばんぶるまい》という言葉があるように、飲食物はすべて主催者側で準備をしたのであろう。幕府としては、鎌倉に御家人が来るたびに「旅籠の振舞」や「引出物」を準備するのはもったいないから止めなさいというのである。

この法令が含まれる一連の法令群は弘長新制《こうちょうしんせい》とよばれ、綱紀粛正《こうきしゅくせい》の意味合いもあったから、現実に即応した法令ではなく、一般論でしかないと考えられる部分もある。しかし、御家人が鎌倉にやってきた時に、その住居で「旅籠の振舞」が行われるということは、普段は御家人が鎌倉にいないことを意味しているのは明らかである。御家人にとっては鎌倉の住居は「旅籠」だったのであり、たまにしか来ないからこそ「旅籠の振舞」という大宴会が行われていたのであろう。

ご馳走して下さい

しかし、御家人たちがいつも喜んで「旅籠の振舞」をしていたとは考えにくい。鎌倉と本貫地とを往復するだけでも費用はかかるし、滞在費もバカにならない。鎌倉に来るたびに大盤振舞していたのではたまったものではない。規模の小さな御家人ならばなおさらだ。だが振る舞ってもらう側は、タダ酒が飲めて引出物までもらえるのだから、これを逃す手はあるまい。御家人が鎌倉に参上したと聞けば飛んでいって群飲し、引出物を奪うようにして持ち帰ったことであろう。もちろん、招かれてもいないのに大宴会に紛れ込むこともざらにあったはずだ。それを想起させるのが、同じく弘長元年（一二六一）に出された次の追加法である。

一、侍所の雑仕《ぞうじ》以下、下部《しもべ》ら、御家人の宿所に行き向かい、饗応せらるる事侍所の雑仕・小舎人《こどねり》・朝夕雑色《ぞうしき》・御中間《ちゅうげん》・贄殿《にえどの》・執当《しっとう》・釜殿《かまどの》ら、正月ならびに便宜の時、諸人の宿所に行き向かい、常に盃酌を求めるは、はなはだ以て左道也、早くこれを停止すべし。ただし、奉行人の許《もと》に行き向かう事は、制の限りにあらず。

この法令では、侍所の雑仕や下部をはじめとする幕府の下級役人が、正月などの特別な時に御家人の宿所に赴いて饗応を強要することを禁止している。ただし、幕府の奉行人の家に赴くのは制限しないという。

窃盗を禁止する法令があることが窃盗の存在を証明するように、ここで禁止されている行為は、実際には行われていたと解釈すべきだろう。したがって、幕府の下級役人が折にふれて御家人の宿所に行き向かい、饗応を強要するという実態はあったのである。正月などに、たまにしか鎌倉にやってこない御家人は、先に見た史料のように「旅籠の振舞」をしなければならないという風習があったのだろう。それをいいことに、鎌倉に定住している幕府の下級役人たちは、御家人が鎌倉にやってきた頃を見計らっては御家人の宿所に押しかけ、「旅籠の振舞」のような大宴会を強要していたのである。幕府は、饗応する側にもされる側にも、宴会の禁止を命じていたことになる。しかし、改めてこうした法令が出されているということは、現実にはやはり「旅籠の振舞」が行われていたのである。御家人が鎌倉にやってきたことを聞きつけ、幕府の下級役人たちがその宿所に殺到する様子は、第三者から見れば滑稽ではあるが、饗応する側はさぞかし迷惑だったはずだ。お気の毒といっておこう。

一方で、奉行人の家ならば、下級役人は行き向かっても良いともされている。奉行人はいつも鎌倉にいるから、たまに鎌倉にやってくる御家人に対して要求するような「旅籠の振舞」を強要する根拠がなかったのであろう。このことからも、御家人たちがたまにしか鎌倉にやってこない存在であったことは明らかである。彼らの鎌倉における住居が、「宿所」という一時的な滞在地を想起させるような表現で記されていることも、このことを傍証する。御家人は鎌倉に宿所を構えながらも、時折、鎌倉にやってくる存在だったのである。

お部屋貸します

鎌倉にある御家人の宿所に御家人が常住していないのだとすれば、御家人が不在の時の宿所はどのように使われていたのだろうか。十三世紀後半の弘安年間に、北関東の有力御家人であった宇都宮氏は「宇都宮家式条」という法律を定める。いくつかの法令から構成されるこの「宇都宮家式条」には、次のような条文がある。

一、鎌倉屋形《やかた》以下、地の事
右、給人《きゅうにん》の進止《しんし》として子孫に相伝すべからず。たとえ当給人、存日たりといえども、祗候《しこう》の躰《てい》に随《したが》い、別人に宛て行わるべし。兼ねて又、白拍子《しらびょうし》・遊女《ゆうじょ》・仲人《ちゅうにん》等の輩《ともがら》、彼の地に居《す》え置く事、一向にこれを停止すべし。

宇都宮氏も、他の御家人と同様に鎌倉に屋形をもっていた。そしてその屋形は、宇都宮氏から給人にあてがわれていた。つまり、鎌倉に常住しない宇都宮氏の代理人である給人が、鎌倉における宇都宮氏の屋形に住んでいたのである。さらにこの条文では、その給人が宇都宮氏の屋形を勝手に子孫に相続させることを禁じており、仕事ぶりによっては給人の立場を没収し、他の者を給人として屋形に住まわせると明示している。ここでも、鎌倉に常住しない御家人の姿が見られるだろう。また同時に、御家人のいない鎌倉の屋形には、代理人である給人が住んでいたことがはっきりと分かる。

さらにおもしろいのは「兼ねて又」以降の記述である。鎌倉の屋地に住む給人に対して、宇都宮氏は、白拍子・遊女・仲人などを屋形に住まわせることを禁止しているのだ。白拍子や遊女とは、酒宴などで舞い踊る女性のことであり、仲人とは、おそらく彼女たちを仲介する業者であろう。宇都宮氏は、彼らを屋形に住まわせることを給人に禁じているのである。

この法令の存在から、次の二つのことが導き出せる。ひとつは、白拍子・遊女・仲人に限って居住が禁止されているということは、その他の人々の居住は言外に認められているということ。ふたつ目は、実態としては白拍子たちが実際に屋形内に居住していたからこそ、彼女らの居住が禁止されているということである。いずれにせよ、鎌倉の屋形に住む給人が、白拍子をはじめとした鎌倉の都市民をその屋形内に住まわせていることが、この法令の前提となっているのである。

では、なぜ給人たちは白拍子やその他の都市民を住まわせたのであろうか。答えは簡単だ。給人とて無償で屋形を貸し出すはずはない。給人は、宇都宮氏からあてがわれた鎌倉の屋形の一部を白拍子らに又貸しして、家賃を徴収していたのである。そう考えなければ、住まわせる意味はあるまい。

弟には貸さぬ

次に相模国の御家人であった渋谷《しぶや》氏の例を見てみよう。寛元三年（一二四五）に、子孫のために財産の配分などを決める置文《おきぶみ》（寛元三年五月十一日渋谷定心《じょうしん》置文〈入来院文書〉『鎌倉遺文』六四八五）をしたためた渋谷定心は、その中で次のような一文を残している。

一、かまくら《（鎌倉）》のやち《（屋地）》ハ、三郎ニとらす、たゝし、ゐこん《（遺恨）》なからんをとゝ《（弟）》にハ、すく《（宿）》せさすへし、他人をハやと《（宿）》せとも、をとゝにハか《（貸）》さぬ事、多くミるところ也、をや《（親）》のめいをそむ《（背）》く事也、きひ《（厳）》しくせいし《（静止）》せハ、上ニ申すへし

渋谷定心は、鎌倉に持っている屋地を嫡男の三郎に譲ることを決めた。しかし、財産の

相続は親の思い通りに進むことが少ないのが世の常である。当時の世間一般では、鎌倉の屋地に他人は宿泊させるけれども、弟には屋地を貸さないという行為がしばしば見られていた。それを案じた渋谷定心は、仲の悪くない（遺恨のない）弟には鎌倉の屋地を貸しなさいと嫡男の三郎にいい含めたのだ。

ここで注目したいのは、他人に対しては「やどす」という表現を使い、弟には「しゅくす」「かす」という表現を用いていることである。両者の言葉の違いはどこからくるのだろうか。

この置文を書いた渋谷定心は、鎌倉の屋地を弟には貸さないが、他人は宿泊させるという例を多く見ていたようである。ここからやや想像をふくらませれば、他人の場合には宿泊させて宿代が徴収できるのに対して、弟には無償で貸さなければならないから、兄弟には貸したがらないという風潮が当時あったと推測できる。つまり、鎌倉の屋地の所有者は、宿代が徴収できる他人を優先させて宿泊させていたのである。弟に貸すのを渋るのは、宿代が取れないからであろう。ここでも、御家人が鎌倉の屋地を貸し出している状況が見られる。御家人が不在の時の鎌倉における御家人の住居は、代理人やあるいは嫡男が管理しながらも、一部は他人に又貸しされていたのである。

御家人たちの出勤簿

そんな言い訳でいいわけ？

鎌倉には常住していなかった御家人たちも、鎌倉で幕府の儀礼が行われる時には参加しなければならなかった。その代表的なものが、毎年八月十五・十六日の二日間にわたって行われる鶴岡八幡宮《つるがおかはちまんぐう》の放生会《ほうじょうえ》である。十五日には将軍が鶴岡八幡宮に参詣するので、御家人たちは将軍に供奉《ぐぶ》するのが大事な仕事であった。供奉とは、将軍の参詣の行列に加わることである。十六日には、武士としての見せ場である流鏑馬《やぶさめ》が行われた。二日間にわたるこの鶴岡八幡宮放生会は、将軍と御家人の主従関係や御家人同士の関係を確認するための、重要な儀式であったといわれている。

本貫地にいることの多い御家人であっても、この時ばかりは鎌倉まで足を運ばなければならない。しかし、御家人たちはあれこれと言い訳をして、放生会の供奉人《ぐぶにん》の役から逃れ

19世紀の鶴岡八幡宮（F. ベアト撮影，横浜開港資料館所蔵）

ようとしていた。『吾妻鏡』弘長三年（一二六三）八月四日条によれば、放生会の供奉人に選定された御家人の中であまりに辞退者が多いため、幕府は調査に乗り出したという。そこで幕府の目についた辞退の理由は「鹿食《ししじき》」であった。「鹿食」とは、おそらく「ししじき」と読み、肉食行為を示す言葉であろう。肉食によって穢れた身体では、放生会という神事には参加できないというのが、辞退する側の主張である。

しかし、毎年八月十五日に放生会が行われるのは決まっているのだから、幕府は事前にこの鹿食を当然ながら禁止していた。それでもなお、彼らはそれを口実に辞退しているのだ。その時の言い逃れが何ともおもしろい。

近江《おうみ》五郎左衛門尉《ごろうさえもんのじょう》（実名不詳）は、「鹿食禁制の事、未《いま》だ承り及ばざるの上、所労《しょろう》を治さんがため、これを服ましむ」と称している。つまりは、鹿食の禁止など知らなかったので、病気の治療のために服用したというのである。同様に鹿食を理由に辞退した大須賀為信《おおすがためのぶ》は、病気治療のために鹿食を医者に勧められた際に「忽《たちま》ち御制の事を忘れおわんぬ」と言っている。鹿食が禁じられているのは知っていたが、医者に勧められ、禁止されていることをすっかり忘れて食べてしまったというのだ。この辺りまでは、まだかわいげのある言い訳である。二階堂行宗《にかいどうゆきむね》にいたっては「或る会合の砌《みぎり》において、他の物と取り違え、誤りて鹿を食す」とまでいっている。とある会合で、他の物と間違えて肉を食べてしまったというのである。この言い訳には、さすがの幕府もあきれたことだろう。逆に考えれば、それだけ供奉人となるのが御家人にとって面倒なことであったということもできる。

それを示すかのように、供奉人辞退の理由は鹿食だけではなかった。『吾妻鏡』弘長三年八月八日条によれば、鹿食の他に病気（所労）や上洛、そして在国といった理由で、御家人たちは供奉を辞退している。在国していること、つまり本貫地にいることが辞退の理由として認められているのだとすれば、鎌倉に常住せず、本貫地と鎌倉とを往返する御家人の存在は、幕府も認めていたことになろう。

一方で、御家人を招集する幕府の役人の中には、その立場を利用して甘い汁を吸う者もいたようである。弘長元年に出された追加法には、放生会などの際に奉行人が御家人を必要よりも多目に招集しておき、辞退する御家人に賄賂を要求して招集を免除することが禁止されている。禁止されていることは実際にあったことを示すから、幕府の奉行人の中には、必要のない御家人に招集をかけ、供奉を免除するという名目で賄賂をとっていた不届き者がいたことになる。さまざまな言い訳をして供奉を辞退する御家人と、それを逆手にとって賄賂をとる奉行人。こうした滑稽な構図も、鎌倉に常住していないために幕府行事に参加することを面倒に思う御家人がいたからこそ成立するものであろう。

主人は不在です

鎌倉に常住していない御家人がいたならば、御家人本人が不在の時に、幕府から御家人の宿所に命令が来た時はどのように対処していたのだろうか。その著名な事例が、千葉氏の鎌倉における代官であった長専《ちょうせん》という僧侶の存在である。建長六年（一二五四）とおぼしき七月六日付の長専の書状によれば、放生会の随《ずい》兵役《ひょうやく》を務めるように、幕府から千葉氏に催促があったという。随兵役とは、将軍の鶴岡八幡宮参詣の行列を警護する役のことであり、供奉人とともに、御家人の大事な仕事のひとつであった。幕府からの催促を受けた長専は、千葉氏の本家である千葉頼胤《ちばよりたね》に仕える富《ふ》木《き》入道に宛てて、早く幕府へ返事をしなければならないので、その旨を千葉頼胤に伝えてほしいと、切々とつづっている。

この書状の存在から、千葉氏の本家である千葉頼胤は鎌倉には在住せず、本貫地にいたことが分かる。また、長専なる人物が、千葉氏のいわば鎌倉出張所長として、幕府からの命令を受けとっていたことも明らかであろう。千葉氏という、房総半島に拠点を置く有力御家人であっても、鎌倉に常住せずに代官を鎌倉においていただけだったのである。

長専の書状は他にも多く残されており、千葉氏の実情をよく知ることができる。鎌倉で借金取りに屋敷を囲まれて四苦八苦している様子や、さまざまな支払いのために金を工面している様子などを記した長専の書状からは、彼の涙ぐましい努力が伝わってくる。それもこれも、主人である千葉氏の留守を預かって、千葉氏の鎌倉における代官という仕事を引き受けてしまったからだ。しかし、史料に残されてはいないものの、おそらく彼にもそれなりのメリットはあったのであろう。

千葉氏のように有力な御家人ならば、長専のような代官を鎌倉に置くことはできるが、中小規模の御家人はそうもいかなかった。その代表例が小野寺氏である。

弘長三年（一二六三）に、やはり放生会の際の将軍随兵として、小野寺道継は幕府からの催促を受けた。その時の状況を『吾妻鏡』は「遠江国に在ると称し、留守より御教書《みぎょうしょ》を返上す」と記している。鎌倉における小野寺氏の邸宅に、随兵役として参加するようにという幕府の命令を伝える御教書がもたらされたが、小野寺道継は遠江国にいるため、その御教書は幕府へと返却されたというのだ。道継は本貫地である遠江国に帰っており、道継の鎌倉における邸宅は留守だったというのである。もちろんまったくの無人だったということではないが、小野寺氏の鎌倉における邸宅には、千葉氏の家にいた長専のような代官も不在だったので、このような結果になったのであろう。このことからも、御家人たちが鎌倉に必ずしも常住していなかったことが分かる。

「御所無人」

鎌倉における御家人の仕事は、もちろん鶴岡八幡宮放生会だけではない。将軍御所を警備する鎌倉大番役をはじめ、将軍に奉仕するために御所に出《しゅっ》仕《し》する仕事も、御家人の大事な役割であった。しかし、源氏将軍が三代で滅び、摂関家の子息が将軍となった後、建長四年（一二五二）三月に宗尊親王が将軍となる頃には、将軍の御家人に対する求心力はさすがに衰えを見せ始める。

『吾妻鏡』建長二年（一二五〇）十二月二十日条には、御所にいるべき御家人が参上しないため「御所中頗《すこぶ》る無人」であったと記されており、宗尊親王の将軍就任以前からその予兆はあった。同じく『吾妻鏡』の正嘉元年（一二五七）十二月二十四日条では、「伺《う》見《かがい》参《げ》《ざん》」のための御家人が御所に集まらず、「この一両年、その衆、自然懈緩《じねんかいかん》す」と書かれている。伺見参とは、御所で将軍の用事を聞いてそれをこなすという御家人の仕事である。それがこの一、二年はサボる者が多くて困っているというのだ。

もちろん幕府は、出仕状況の悪い御家人を辞めさせて出仕状況の良い御家人だけを集め、改めて当番を割り当てるなどといった工夫はしていた。それでも、『吾妻鏡』文永二年(一二六五)閏四月二十日条によれば、御所に詰めるべき御家人が集まらず「御所無人」という状況であったという。文永三年(一二六六)以後は『吾妻鏡』が途絶えてしまうために詳細は不明だが、以後に将軍の求心力が増し、御家人たちが勤勉に御所に出仕するようになったとは到底考えられないので、御所での仕事を忌避《きひ》する御家人は、増えることはあっても、減ることはなかったであろう。

しかし、幕府はこうした事態をそれほど深刻に受け止めていなかったようだ。御家人が幕府から命じられる御家人役《ごけにんやく》とよばれる仕事のうち、将軍に直接奉仕するようなものは、小侍所《こさむらいどころ》がその管理を行っていた。『吾妻鏡』康元元年(一二五六)十二月二十五日条によれば、実際に御家人役を務めている者であっても、三代にわたって小侍所に記録が残っていなければ、小侍所の名簿には載せないというのが幕府の方針であった。つまり、新規参入は認めず、三代以上にわたって出仕の実績のある者だけを残そうという発想だったのである。

また、正嘉二年(一二五八)の正月に行われた、年頭に的めがけて矢を射る的始《まとはじめ》とよばれる儀式には、新規参入の御家人が認められず、旧来から的始の射手《いて》を務めていた知久《ちく》右衛門五郎《えもんごろう》が、滞在先である本貫地の信濃国からわざわざよびよせられている。ここでも、役負担を忌避する御家人が増加しても、旧来からの実績を重視し、新規参入の武士を認めないという幕府の御家人限定化方針は明らかであろう。こうして、御所に出仕するような御家人の人数は、少なくともその母集団というレベルでは、減少していったのである。

仕事を下さい

幕府が将軍に奉仕するような御家人役を負担する御家人を限定化していた一方で、御家人集団にどうにかして残ろうとする武士もいた。その一例が、宇佐美祐泰《うさみすけやす》という武士である。

宇佐美祐泰は、希望していたにもかかわらず、正嘉二年（一二五八）の放生会供奉人の名簿から漏れてしまった。彼は必死になって供奉人としての放生会参加を求めて奔走する。しかし、担当責任者である小侍所別当の北条実時《さねとき》は、「上の命令通りに名簿を作成しただけで、私個人の考えではない」とそっけない返事をするばかり。詳しく調べてみると、宇佐美祐泰が放生会供奉人の選から漏れたのには次のような理由があった。彼は前年の十月に行われた大慈寺《だいじじ》の再建を祝う供養に遅刻してしまい、将軍の供奉をすることができなかった。それだけでなく、正嘉二年六月に行われた、勝長寿院《しょうちょうじゅいん》再建の供養にも欠席していたのだ。欠席が二度続いたために、正嘉二年八月の放生会供奉人の名簿から名前が漏れてしまったのである。祐泰は北条実時とは別のルートから反省の弁と自分の要求を伝え、なんとか無事に供奉人の行列に参加することができたという。

なんとも人騒がせな話だが、この騒動からは次のようなことが分かる。つまり、将軍に供奉する機会に欠席が続くと、供奉人の名簿そのものから外されてしまうということである。一度ならまだしも、二度連続で欠席すると除籍処分、ということになろうか。もちろんそれによってどれだけの不利益が生じるのかは分からないが、こうした手続きを続けていたならば、幕府の儀礼に参加する御家人の数は減少せざるを得なかったであろう。いろいろと言い訳をしては幕府儀礼に参加したがらなかった御家人がいたのならばなおのことである。

しかし、ここに一人だけ、逆のパターンの人物がいる。宮寺政員《みやでらまさかず》という武士である。彼は、よばれてもいないのに、正嘉二年（一二五八）正月十日に行われた御行始《おなりはじめ》における将軍の供奉人として、行列に参加しようとしている。御行始とは、将軍がその年の最初に出かける儀礼のことだから、放生会や大慈寺・勝長寿院の供養などと同様に重要な儀式であった。そこに宮寺政員は、将軍の供奉人として参加しようとしたのだ。よばれてもいないのに、である。『吾妻鏡』には「催されざるといえども、推参す」と記されているのみだが、多くの御家人が鹿食だ何だと理由をつけては参加したがらないのに、何とも奇特な話ではないか。

宮寺政員は、『吾妻鏡』にもう一度だけ、同じ年の八月八日条に登場する。その際には、八月十五日の放生会に正規のルートで幕府から招集されたようである。よばれてもいないのに御行始に参加した甲斐があったというものだ。この時、宮寺政員は前駈《さきがけ》として招集された。しかし彼は、前駈が着ることになっている衣冠《いかん》を持っていないので、布衣《ほい》という狩衣《かりぎぬ》を着るメンバーの一員として参加させて欲しいと主張する。幕府はすでに配置を決めているので変更はできないという返事をする。結局、宮寺政員は実際の放生会には前駈としても参加できなかった。

以後、宮寺政員は記録から姿を消す。彼の要求が野心的なものであったのか、それとも本当に衣冠を持っていなかったからなのかは分からない。しかし、やはり御家人の新規参入は現実的にも厳しいものだったのであろう。

父・兄・弟

鎌倉に常住しない御家人がいたとしても、鎌倉における幕府儀礼をはじめとする御家人役は、基本的に廃絶することはなかった。もちろん、宇佐美祐泰や宮寺政員のように、鎌倉の儀礼に参加したがる御家人も、少数ではあったかもしれないが確実にいた。御家人たちは、本貫地と鎌倉とのバランスをどのようにとっていたのであろうか。

兄より出世する弟

やや時間をさかのぼろう。承久三年（一二二一）に起きた承久の乱で、幕府の朝廷に対する優位が確定的になった頃、鎌倉幕府では、ある御家人についての処分が決定された。嘉禄二年（一二二六）五月八日のことである。処分されたのは内藤盛時《ないとうもりとき》という御家人。この事件について記した『吾妻鏡』には次のようにある。

内藤左衛門尉盛時、去月十九日に使の宣旨を蒙《こうむ》る事、今日評議あり。召名《めしな》を止《とど》むべきの由、定めらると云々。是、父左衛門尉盛家《もりいえ》入道、盗賊を追捕するの間、其の賞に行わるべきの旨、仰せらるるの処、子息の昇進を望み申す。子息に兄弟あり。所謂《いわゆる》、嫡男の右衛門尉盛親《もりちか》、二男の盛時なり。しかるに兄の盛親は父に従い、或いは在京し、或いは在国す。弟の盛時は関東に候じ、夙夜《しゅくや》労功を積むといえども、嫡庶の次第を守り、兄を以て彼の職に補せらるべきの旨、先日御吹挙の処、父の盛家法師、京都において窃《ひそ》かに鍾愛の次男盛時を改め挙げるの間、宣下せられおわんぬ。爰《ここ》に父、雅意に任すの咎《とが》あり。子また兄を越えるべきの理《ことわり》なし。沙汰を究《きわ》められ、この儀に及ぶと云々。

事の発端は、内藤氏にとってはめでたいことであった。京都で盗賊を捕らえた内藤盛家（父）が、その褒美として、朝廷から検非違使《けびいし》に任命されることになったのである。しかし盛家は、自分よりも子息の昇進を望み、ぶじにその希望は聞き入れられた。盛家の子息は二人いる。さて、どちらを検非違使にすべきか。判断は朝廷から幕府へと委ねられた。幕府は、兄弟の順序通りに、兄の盛親を京都の朝廷に推薦することを決める。しかし、京都にいる盛家（父）は、幕府の推挙をひそかに改め、盛時（弟）が幕府から推薦されているように細工をしてしまう。結局、盛時（弟）がそのまま検非違使に任命されてしまった。

これを聞いた幕府は、盛家（父）の勝手な行動を誡め、また弟が兄を越えるのは道理に反するとして、盛時（弟）に対しては幕府への出仕停止を命じたのである。

長い史料ではあるが、ここで注目したいのは傍線部である。御家人の内藤氏は、盛親（兄）が盛家（父）に従って在京、あるいは在国しており、盛時（弟）は鎌倉に住んで幕府に出仕していたのだ。つまり御家人の一族は、全員が同じ所に住んでいるのではなく、この場合は父と兄が本貫地と京都を往来しており、弟が鎌倉に住んでいたのである。こうした形態を、御家人の一族内分業とよぶことにしよう。

島津氏略系図

（　）内は『吾妻鏡』の表記。**ゴシック体**は『吾妻鏡』での放生会参加者。

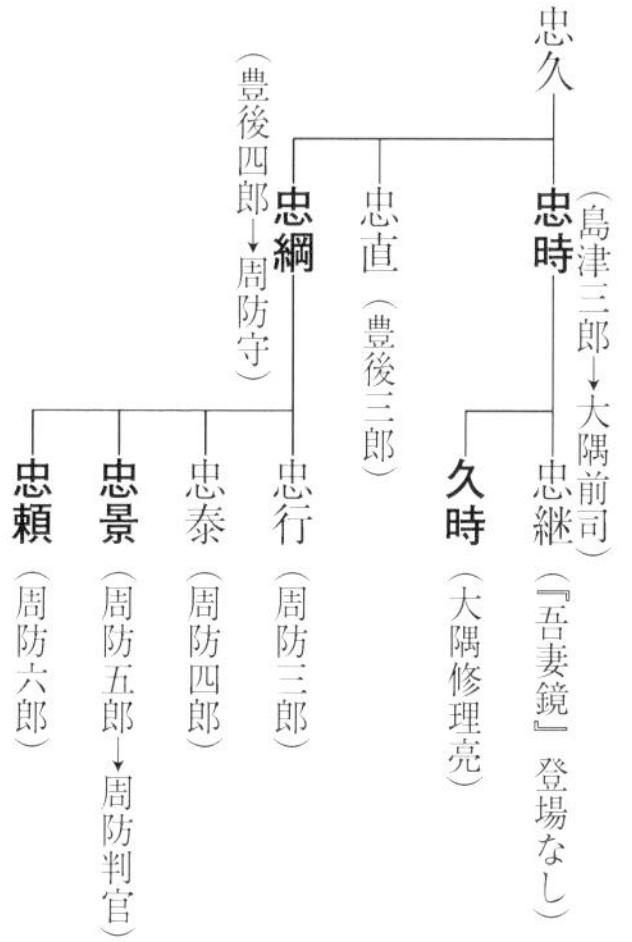

兄は薩摩へ

明治時代までつづく武士の名門である島津氏にも、このような一族内分業が見られた。「島津氏略系図」で一番上に配置したのが島津忠久《ただひさ》である。幕府草創期から『吾妻鏡』に登場する忠久は、安貞元年（一二二七）六月十八日に死去する。

跡を継いだのは忠時《ただとき》だ。忠時は父忠久と入れ替わるように、貞応元年（一二二二）頃から『吾妻鏡』に登場し、鎌倉で活動し始める。忠時の子の久時《ひさとき》も、父忠時と入れ替わるように建長四年（一二五二）頃から『吾妻鏡』に登場し、鎌倉での活動を開始する。しかし、久時の腹違いの兄の忠継《ただつぐ》は『吾妻鏡』に一切登場しない。忠継は、後に山田島津氏の祖と言われ、弘長年間（一二六一～六四）には、父忠時の守護代として薩摩国（現在の鹿児島県）に在国しそのまま現地で没しているので、鎌倉にはいなかったのであろう。

つまり、忠久・忠時・久時の三代は鎌倉で活動していたが、久時の兄である忠継は、鎌倉で活動していなかったために『吾妻鏡』には一切登場しなかったのである。ここでは、忠時（父）と久時（弟）が鎌倉幕府に出仕し、忠継（兄）が薩摩という遠隔地の所領に赴くという一族内分業があったと考えられよう。

三郎・四郎・五郎・六郎

次に、『吾妻鏡』康元元年（一二五六）七月二十九日条を見てみよう。同年の放生会に、直垂《ひれたれ》を着しての供奉を幕府から催促された島津忠行《ただゆき》（周防三郎左衛門尉）は、次のような理由で幕府の命令を辞退している。

父の周防守は布衣を着し供奉すべきの由、奉《たてまつ》り進《まい》らせおわんぬ。弟の六郎は又、流鏑馬《やぶさめ》の射手《いて》として、旁《かたがた》、了見《りようけん》沙汰せしむるにより、参じ難し。

父の忠綱《ただつな》（周防守）が布衣で将軍に供奉し、弟の忠頼《ただより》（六郎）は流鏑馬の射手として放生会に参加することが決まっているので、自分が参加することは難しいというのである。確かに彼の言い分は、事実としては間違っていない。しかし、前掲の「島津氏略系図」で忠行がゴシック体になっていないことからも分かるように、彼は『吾妻鏡』の中で一度も放生会に参加したことがない。あれこれと理由をつけるまでもなく、もともと彼は参加する意志がなかったのではないだろうか。

そこで、忠行も含めた四人の兄弟の関係を検討してみよう。忠行（三郎）には、三人の弟がいた。忠泰《ただやす》（四郎）、忠景《ただかげ》（五郎）、忠頼《ただより》（六郎）の三人である。忠行（三郎）は、前掲の史料に象徴されるように、一度も放生会への参加が見られず、『吾妻鏡』でも鎌倉での活動はほとんど見られない。忠泰（四郎）も『吾妻鏡』には五回しか登場せず、放生会の参加もない。

それに対して、忠景（五郎）は『吾妻鏡』に四〇回以上登場し、放生会にも、父の島津忠綱と入れ替わるように、正嘉二年（一二五八）・弘長三年（一二六三）の二回に参加している。忠頼（六郎）は、『吾妻鏡』の登場回数も多くなく、放生会にも弘長元年の一回しか参加していない。しかし、年齢からすれば、彼はようやく鎌倉社会にデビューした頃だったと考えられる。前掲の『吾妻鏡』康元元年七月二十九日条で、放生会における流鏑馬の射手として参加しているのは、若武者としての披露の意味があり、この時点で忠頼（六郎）はまだ成人したばかりだったのであろう。弘長元年以後は、直近の兄である忠景（五郎）とともに鎌倉で活動するようになったと考えられる。おそらく『吾妻鏡』がとぎれた文永三年（一二六六）以降、忠頼（六郎）の鎌倉での活動は多くなったはずだ。

以上のように、鎌倉における島津氏の活動は、忠行（三郎）・忠泰（四郎）ではなく、忠景（五郎）が中心になっており、忠頼（六郎）も年齢を重ねると忠景（五郎）とともに鎌倉で活動するようになっていた。忠行（三郎）が、後に播磨国（現在の兵庫県）の島津氏の祖となることをふまえると、忠行（三郎）・忠泰（四郎）ら兄二人は本貫地や遠隔地所領の支配を担当し、忠景（五郎）・忠頼（六郎）ら弟二人は、鎌倉でそれぞれ活動していたと想定して問題あるまい。ここでも、一族内分業の姿がはっきり見てとれる。

したがって、前掲の『吾妻鏡』の記事で放生会参加を辞退している忠行（三郎）は、この時にたまたま都合が悪かったのではあるまい。そもそも鎌倉では限られた活動しかしていないのだから、本貫地、あるいは遠隔地の所領からわざわざ鎌倉に赴くのが面倒なために、適当な理由をつけて辞退したのではないだろうか。

在国・在京・在鎌倉

つづいて、北関東の有力御家人であった宇都宮氏の事例を見てみよう。

鎌倉幕府草創期に活躍した宇都宮頼綱《よりつな》は、承久三年（一二二一）以後はほとんど『吾妻鏡』に登場しなくなる。その一方で、京に住む貴族で、歌人として有名な藤原定家の日記『明月記』にはしばしば登場している。頼綱は、文化の最先端を走る京都で和歌をたしなみながら、悠々自適の後半生を送ったのであろう。なんともうらやましい老後だ。しかし、宇都宮氏の京都における活動は平安時代から見られる。したがって、京都からは離れた北関東の武士団である宇都宮氏の、京都における重要な拠点を維持するという役目も、頼綱は担っていたのであろう。

「宇都宮氏略系図」を参照いただきたい。頼綱の息子は泰綱《やすつな》だ。宇都宮泰綱は以前に下野守となっていたので、『吾妻鏡』では「下野前司《しもつけのぜんじ》」と表記される。彼は放生会にも寛元二年（一二四四）から正嘉二年（一二五八）までの間、合計で四回参加している。『吾妻鏡』にもしばしば登場することから、主に鎌倉で活動していたのであろう。

泰綱（下野前司）の息子には、景綱《かげつな》（下野四郎）と経綱《つねつな》（下野七郎）の少なくとも二人がいたことが『吾妻鏡』から分かる。二人の放生会参加回数はともに二回だが、その時期はなぜかかけ離れている。兄の景綱（下野四郎）は、正嘉元年と同二年。弟の経綱（下野七郎）は兄に先んじること十数年、寛元三年・同四年の二回に参加しているのだ。このことに象徴されるように、一二四〇年代後半に当たる寛元年

宇都宮氏略系図

（　）内は『吾妻鏡』の表記。**ゴシック体**は『吾妻鏡』での放生会参加者。

頼綱 ― **泰綱**（下野前司） ┬ **景綱**（下野四郎）
　　　　　　　　　　　　　└ **経綱**（下野七郎）

間には、『吾妻鏡』でも景綱（下野四郎）の記事は少なく、経綱（下野七郎）の記事が多い。それに対して、一二五〇年代後半に当たる正嘉年間の『吾妻鏡』には、景綱（下野四郎）の記事が多くなり、経綱（下野七郎）は全く登場しなくなる。寛元年間には、泰綱（下野前司）と経綱（下野七郎）の親子が鎌倉での活動を担っており、正嘉年間以降は、泰綱（下野前司）と景綱（下野四郎）の親子が鎌倉で活動するようになっていたのである。鎌倉にいない方の兄弟は、おそらく本貫地で所領の経営に当たっていたのであろう。なぜ景綱（下野四郎）と経綱（下野七郎）が在国と在鎌倉との担当を交代したのかについては、確たる根拠を示して説明することは難しいが、経綱（下野七郎）に名前の一字を与えたであろう北条経時が、寛元四年（一二四六）にこの世を去っていることが影響しているかもしれない。

祖父の頼綱は正元元年（一二五九）まで存命だったから、祖父が在京し、兄弟のどちらかが在国しており、父ともう一人の兄弟が在鎌倉していたことになる。つまり、三代にわたる一族が、在京・在国・在鎌倉の役割を分掌していたのである。ここでも、武士の一族内分業を見てとることができよう。

足利兄弟

足利氏で兄弟の分業と聞けば、室町幕府を開いた足利尊氏と直義の二頭政治が頭に浮かぶ読者も多いだろう。しかしここでは、二人に関する直接的な史料が少ないこともあり、『吾妻鏡』に登場する足利氏に限定して話を進めよう。

　足利義氏《よしうじ》は幕府草創期から活躍する人物だが、『吾妻鏡』の史料的性格上、放生会に参加していたかどうかは分からない。その子の泰氏《やすうじ》は『吾妻鏡』にしばしば登場し、放生会にも、寛元二年（一二四四）、同三年、建長三年（一二五一）の三回参加している。ところが、何を思ったのか、足利泰氏は建長三年十二月に所領の下総国《しもうさのくに》埴生荘《はにゅうのしょう》で突然出家を遂げる。当時、御家人が出家して幕府への出仕を辞めるのには幕府の許可が必要だった。しかし泰氏は許可を得ずに出家したため、自由出家《じゆうしゅっけ》という罪で処罰されてしまう。ここでいう「自由」とは、「勝手に」というような意味であり、幕府はこの自由出家を禁じていた。泰氏はそれを知りながら、あえて出家を遂げたのである。『吾妻鏡』には、下総国埴生荘が泰氏の新たに手にした初めての所領であり、そこを彼が出家の地に選んだのはも

足利氏略系図

（　）内は『吾妻鏡』の表記。ゴシック体は『吾妻鏡』での放生会参加者。

義氏——**泰氏**——**家氏**（足利太郎→中務権大夫→足利大夫判官）母名越朝時女
　　　　　　　├**兼氏**（足利次郎。義顕に改名）母不明
　　　　　　　└頼氏（足利三郎。利氏より改名）母北条時氏女

っともだという見解が示されているのみで、泰氏の胸の内に何が去来したのか、今は知る由もない。しかし、彼が鎌倉で活動しながらも下総国埴生荘に移動することもあったことは、鎌倉常住を前提としない御家人の存在を裏付けるものであろう。

出家した泰氏は、文永年間（一二六四〜七五）まで生きていたようである。前述の宇都宮頼綱のように京都で悠々自適の隠居生活を送っていたのか、あるいは下野国（現在の栃木県）の本貫地である足利に戻って静かな余生を送ったのであろう。ちなみに下総国埴生荘は、自由出家の咎によって没収されている。

泰氏の子には家氏《いえうじ》（太郎）・兼氏《かねうじ》（次郎）・頼氏《よりうじ》（三郎）の三人がいた。家氏（太郎）は、『吾妻鏡』で確認できる放生会一一回のうち、寛元三年から弘長三年（一二六三）の間の八回に参加している。建長三年に自由出家を遂げた泰氏と入れ替わるようなタイミングである。これらを含め、『吾妻鏡』には四〇回以上も登場するから、家氏（太郎）が鎌倉で活動していたことは明らかであろう。兼氏（次郎）も、寛元三年・同四年・康元元年（一二五六）の三回、放生会に参加しており、『吾妻鏡』の登場も一七回にのぼる。したがって、父泰氏の自由出家と前後して、家氏（太郎）と兼氏（次郎）の二人が鎌倉で活動するようになっていたと考えられる。

しかし頼氏（三郎）は、康元元年から正嘉元年（一二五七）までの間で『吾妻鏡』に一一回登場するが、放生会には、康元元年に供奉人候補となりながらも実際には供奉しなかった例も含め、一度も参加していない。したがって、自由出家するまでの父泰氏と、家氏（太郎）・兼氏（次郎）の兄弟の合計三人が鎌倉で活動し、頼氏（三郎）はおそらく本貫地に在国していたのである。これまでの例と異なって兄たちが鎌倉で活動をしているのは、生まれた順番よりも母親の出自による序列が優先されたからだと考えられる。足利氏の場合は母の出自が高い頼氏が嫡男となっているので、在国するのは嫡男というのが一般的だったのであろう。

以上のように、足利氏の場合にも、やはり父や兄弟間の一族内分業があったことになる。初期室町幕府に見られる足利尊氏と直義の二頭政治という分業も、もしかしたらこのような分業体制の延長線上にあったのかもしれない。

甘縄の武士たち

　ここまでは、一族内分業体制をとって、鎌倉に常住する一族を限定する御家人の姿を見てきた。その一方で、当然ながら鎌倉に常住する御家人もいた。彼らは鎌倉幕府の要職に就き、幕政を運営していたので、近年では特権的支配層ともよばれる。その代表例はもちろん北条氏だ。彼らについては後で詳しく触れることにして、ここでは、鎌倉常住特権的支配層の一例として安達《あだち》氏を採り上げてみることにしよう。

安達泰盛亭はどこか

　安達一族の出自は明らかでない部分も多いが、安達盛長《もりなが》が挙兵前の源頼朝に早い段階から協力しており、そのために幕府内での立場はかなり優位なものであった。なかでも安達泰盛《やすもり》は、妹を北条時宗に嫁がせ、実質的な外祖父として時宗の幼少時代を支え、時宗の死後には弘安徳政とよばれる大規模な幕政改革を実施するなど、鎌倉幕府後半を代表する人物である。彼をはじめとして、代々の安達氏は鎌倉の中でも甘縄《あまなわ》に住んでいたことが知られる。

『吾妻鏡』建長三年（一二五一）二月十日条では、甘縄辺りで起きた火災の範囲を「東若宮大路、南由比浜、北中下馬橋《なかのげばばし》、西佐々目谷《ささめがやつ》」と記しているので、おおむね、この四地点に囲まれた地域が甘縄ということになろう。

かつては、現在の甘縄神明社に隣接する地域が安達氏の邸宅跡だと考えられており、その旨を記した石碑や、安達亭で生まれたであろう北条時宗の産湯を汲んだという伝承を持つ井戸もある。しかし、これは江戸時代以前からの大きな誤解だ。近年の研究では、甘縄の安達亭は、現在の鎌倉市役所の北側一帯にあったことが明らかとなっている。

宝治合戦とよばれる鎌倉で起きた戦乱の様子を記す『吾妻鏡』宝治元年（一二四七）六月五日条では、その時の安達泰盛らの動きを次のように記している。

> これに依り、城九郎泰盛（安達泰盛）・大曾禰《おおそね》左衛門尉長泰・武藤左衛門尉景頼・橋薩摩十郎公義以下一味の族、軍士を引卒し、甘縄の館を馳せ出ず。同門前の小路を東に行き、若宮大路の中下馬橋の北に到る。鶴岡宮寺の赤橋を打ち渡り、盛阿の帰参以前に相構え、神護寺門外において時の声を作る。公義、五石畳文の旗を差し揚げ、筋替橋の北の辺

現在の若宮大路二ノ鳥居

りに進む。

敵対する三浦氏に先制攻撃を加えるよう祖父の安達景盛《かげもり》から命を受けた安達泰盛らは、甘縄の館を馳せ出でて門前の小路を東に向かい、若宮大路の中下馬橋の北に到った。中下馬橋とは、現在のJR鎌倉駅から若宮大路に出たところにある二ノ鳥居近くの地名だから、逆算すると、安達氏の甘縄亭はそこから西にあったことになる。中下馬橋を起点に若宮大路と垂直に西へ向かうと、現在の鎌倉市役所北側の山すそに突き当たる。そこは無量寺谷《むりょうじがやつ》とよばれる谷《や》戸《と》であり、ここには安達義景の十三回忌が行われるような、安達氏の氏寺ともいうべき無量寿院《むりようじゆいん》という寺院があった。この近辺に安達亭があったと考えるのが妥当な判断だろう。少なくとも前掲の『吾妻鏡』の記述からは、どうやっても安達亭が甘縄神明社近辺にあったという結論にはたどり着かない。

繰り返しになるが、安達泰盛をはじめとする安達氏代々の邸宅は、決して甘縄神明社の近くにあったのではない。現在の鎌倉市役所の北、無量寺谷の近辺にあったのである。甘縄には他にも、千葉氏や北条氏などの有力御家人が邸宅を構えていたことが分かっている。古代の鎌倉郡衙《ぐんが》も、安達亭の南方にある現在の御成《おなり》小学校の場所に建てられていた。したがって甘縄一帯は、古くから広い敷地が確保できる一等地であったことが想定できる。

御家人に仕える御家人

その甘縄にある安達泰盛の邸宅に、蒙古襲来の後、わずかなツテを頼りに九州のある御家人が単身でやってくる。由比ヶ浜で身体を清めたその御家人は、名を竹崎季長《たけざきすえなが》といった。あの『蒙古襲来絵詞』の作成を命じた人物である。彼は、蒙古襲来に際しての自分の軍功を安達泰盛に披露して恩賞を獲得するために、わざわざ九州からやって来たのであった。

この時の様子を描いた『蒙古襲来絵詞』には、安達亭に出仕する御家人が登場する。蘆《あし》名判官《なほうがん》と肥前国御家人中野藤二郎の二人である。詳細は不明だが、一族内分業をしている御家人のうちで在鎌倉の者が判官（検非違使）となる例は多いので、蘆名判官は蘆名を名乗る北関東の御家人の一族で、在鎌倉を担当していた人物だったのであろう。もう一人の中野藤二郎についても詳しいことは分からないが、絵巻に記されているように肥前国御家人で、鎌倉の安達亭に出仕していたと考えられる。

また二〇〇八年（平成二十）には、安達亭と考えられる一帯から次のような木札（文永二年〈一二六五〉銘今小路西遺跡出土墨書木札）が発掘調査によって出土した。

定
し□□□こや□はん（番）
きんし（勤仕）の事
合
一番　あきまの二郎左衛門殿
　　　うしおたの三郎殿
　　　□□きの左衛門三郎殿
二番　かすやの太郎殿
　　　しんさくの三郎殿
　　　きへきやうふ（刑部）左衛門入道殿

三番　みわ□の□□ふ殿
かせ□
をの又太郎□殿

右□□《(解怠)》むね《(旨)》をまほり《(守)》て
けたいなく一日一夜御つとめ《(勤)》
あるへきしよう《(状)》如件
文永二年五月日

この木札は、安達亭の警護を担当する武士たちの番文だと考えられている。番文とは当番表のようなもので、メンバーをいくつかの「番」というグループに分けて、順に何かを担当させる際に作成されるものだ。小学校の掃除当番表のようなものだと思えば分かりやすいだろう。安達氏は従者を三組に分け、三交代制で順番に一昼夜の邸宅警備を命じていたのである。将軍御所を御家人が交代で警備する鎌倉大番役のような仕組みが、安達亭にもあったことになる。この番文に登場する人々は、その名前からして御家人であろう。つまり、安達亭は御家人たちが順番に警備していたのである。

蘆名判官や中野藤二郎、そして番文に登場する武士たちの存在は、御家人制という鎌倉幕府の根幹をなす制度を考える上で興味深い。というのも、御家人制では、本来的に御家人同士は将軍の下に対等であり、御家人が御家人に仕えるという事態は想定されていないからである。御家人は将軍の家人であるからこそ尊称をつけて御家人とよばれるのだから、御家人の主人は将軍しか存在しない。それなのに、藘名判官や中野藤二郎、あるいは番文に記された御家人たちは、御家人である安達泰盛の邸宅に出仕していたのである。御家人が御家人に仕えていたのだ。つまり、安達氏に代表されるような鎌倉常住御家人は、在鎌倉御家人の一族を被官《ひかん》（従者）にしていたのである。

一族内分業によって在鎌倉を担当する御家人の中には、鎌倉での邸宅を維持しきれずに、鎌倉常住の特権的支配層の家人となる者も現れるようになったのであろう。こうして、在鎌倉担当の一族は鎌倉常住御家人に仕えるようになり、在国している一族との関係が薄まっていった結果、一族が分裂して戦うような南北朝の内乱が生まれた可能性もある。

みんな親戚

先述のように甘縄は古代以来の一等地であった。古代の鎌倉郡衙があった現在の御成小学校の一帯には、鎌倉時代後半に大規模な武家屋敷が建てられていたし、明治から大正までは皇室の御用邸の用地としても利用されていた。当然ながら鎌倉時代には、鎌倉常住特権的支配層である御家人たちが多く邸宅を構えていたようである。ここでは「甘縄関係者系図」を参照しながら、鎌倉時代の甘縄に住んでいた御家人

甘縄関係者系図　※☆★は同一人物であることを示す。

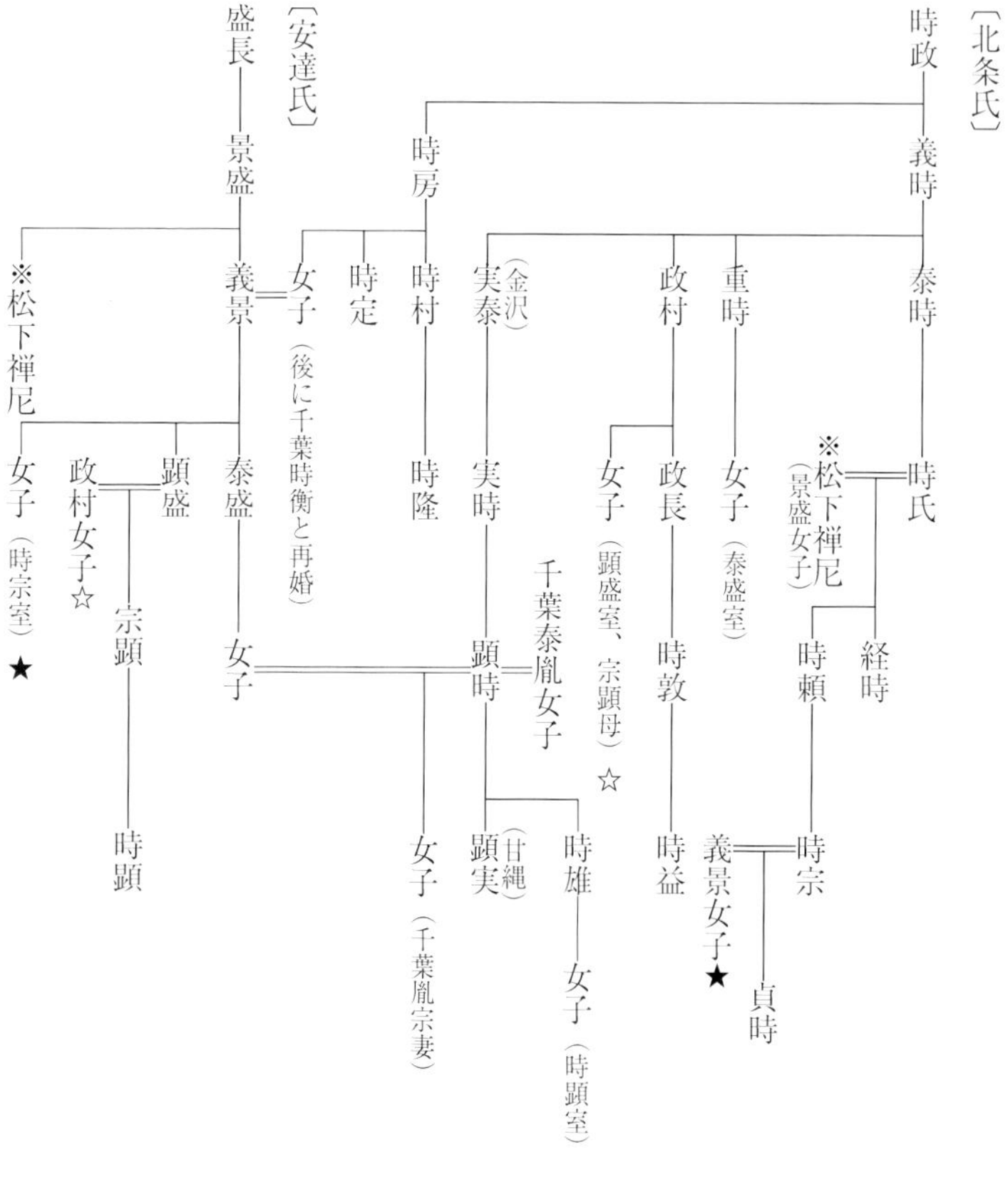

の姻戚関係を確認していきたい。やや煩雑になるが、最終的には政村流北条氏・金沢流北条氏・安達氏・千葉氏の濃密な姻戚関係を、大まかに確認してもらえれば幸いである。

『吾妻鏡』建長三年（一二五一）二月十日条には、甘縄辺りの火事の記述がある。この時に焼けた地域の中には、北条時定《ときさだ》や北条時隆《ときたか》らの邸宅があったという。彼らは系図上は叔《お》父《じ》と甥《おい》という関係であった。また、叔父時定の妹は、甘縄に邸宅を持つ安達義景《よしかげ》の妻であった。義景が妻に先立って死去すると、彼女は甘縄に住む千葉一族の時衡《ときひら》と再婚している。つまり、甘縄で夫を亡くした女性が、同じ甘縄に住む人物と再婚したのである。

つづいて『続群書類従』雑部に収められている『見聞私記』という史料を手がかりに考えてみよう。この史料の永仁五年（一二九七）閏十月七日条には、北条一族の金沢顕実《かねさわあきざね》や千葉胤宗《たねむね》の邸宅が甘縄にあったことが記されている。系図上は金沢顕実の妹が千葉胤宗の妻となっていたから、二人は義兄弟だったことになる。義兄に当たる金沢顕実の父は金沢顕時《あきとき》であった。顕時は、甘縄に住む安達泰盛の娘を妻としており、また、同じく甘縄に住む千葉泰胤《やすたね》の娘も妻の一人として迎えている。つまり金沢顕時は、甘縄に住む安達氏と千葉氏の両方から妻を迎え、安達氏の娘との間に生まれた娘をさらに千葉氏に嫁がせているのである。北条一族の金沢氏が、これでもかというほど、甘縄に住む安達氏や千葉氏と姻戚関係を深めた結果、金沢顕時の子の顕実は、ついに甘縄という地名を冠して甘縄顕実と称するようになる。

『見聞私記』の同日条には、甘縄に北条政長《まさなが》の邸宅があったことも記されている。政長の妹は、安達顕盛《あきもり》の妻となっていた。また、元徳元年（一三二九）頃のものと考えられる金沢貞顕《さだあき》の書状からは、安達時顕《ときあき》・北条時益《ときます》の二人が甘縄に邸宅を持っていたことが分かる。安達時顕の祖父は顕盛であり、祖母は政長の妹であった。そして時益は、北条政長の孫であった。つまり、元徳元年頃に甘縄に住んでいた安達時顕と北条時益の二人は、はとこ同士だったのである。時益は、おそらく祖父政長の屋敷を継承したのであろう。

姻戚関係が多重なために、なかなか一枚の系図で表現することは難しく、また異なる一族でも名前が似通っているために、文章で表現しても正確には伝わりにくいことだろう。そこで詳細を省略してこれまでの記述を端的にまとめるならば、甘縄に住む政村流北条氏・金沢流北条氏・安達氏・千葉氏の間には濃密な姻戚関係が幾重にも結ばれていた、ということになる。彼らが相互の関係を強めようと意図していたことはもちろんだが、鎌倉常住御家人の数がそれほど多くなく、他に姻戚関係を結ぶ相手が少なかったことも、こうした濃密な関係を生んだ一因であろう。彼らが、鎌倉と本貫地とを往来する御家人たちと遊離していくのも、自然の成り行きだったのかもしれない。

甘縄では、大規模な武家屋敷の跡が発掘されている。今小路西遺跡内の遺構がそれだ。若宮大路の西側で、観光地として知られる小町通りよりもさらに西側を北東から南西に走る道は、現在でも今小路とよばれている。鎌倉市では、この道の西側一帯の遺跡を今小路西遺跡と総称している。前掲の文永二年（一二六五）の銘を持つ木札も、この遺跡から出土したものだ。この今小路西遺跡の中でもっとも著名なのが、現在の御成小学校内の発掘調査で明らかになった遺跡である。今でも、今小路西遺跡と聞けばまっさきに御成小学校内の遺跡が想起されるほどだ。

武家屋敷の主は？

御成小学校は大正期まで皇室の御用邸であった跡地に建てられたものである。この小学校の敷地内で、一九八四年（昭和五十九）から八五年にかけて発掘調査が行われた。遺跡の最下層からは、天平五年（七三三）の銘をもつ木簡《もっかん》が出土し、この一帯が古代の鎌倉郡《ぐん》衙《が》であったことが証明されている。郡衙遺構は十世紀末に廃絶し、しばらくは遺構が途絶え気味となるが、鎌倉時代後半に、再び大規模な遺構がその姿を現す。この遺跡の保存をめぐって当時はさまざまな議論がなされたが、結局は発掘調査の後に埋め戻されてしまった。

しかし、その時の発掘調査によって、この地が武家屋敷とそれをとりまく庶民居住区であったことが明らかとなった。検出された遺構は次の三つに分類されている。①北側の大

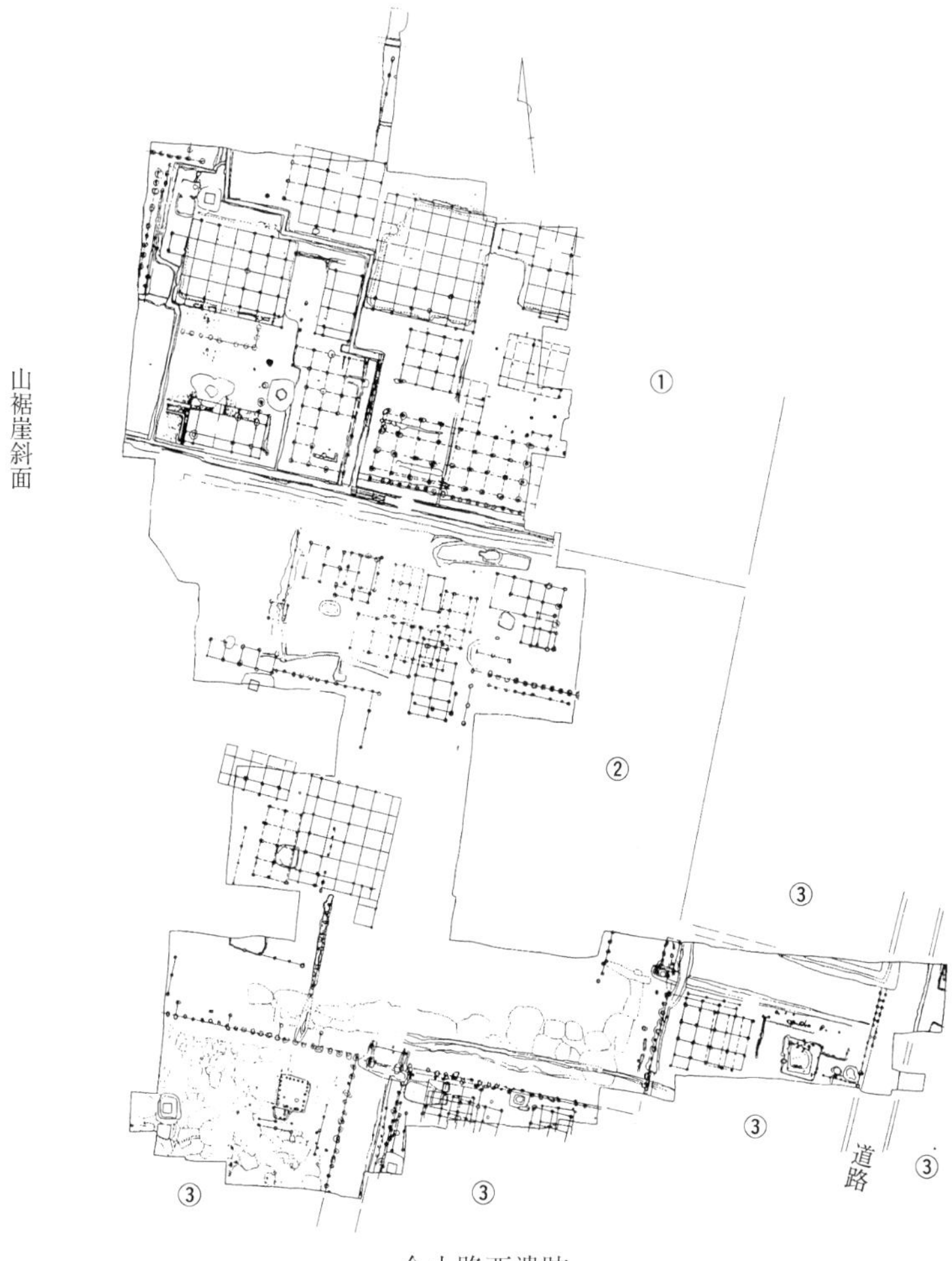

今小路西遺跡

①北側の武家屋敷，②南側の武家屋敷，③庶民居住区（町屋），（石井進・網野善彦編『よみがえる中世3　武士の都鎌倉』平凡社，1989年より）

規模かつ高級な屋敷、②南側の広大で生活遺物などを多く伴う武家屋敷、③その屋敷の東と南を囲むように位置する庶民居住区、の三地域である。①の地域は、高級な陶磁器が出土する一方で生活臭を感じさせる遺物がほとんどないことから、客を招き入れるような空間ではないかと想定されている。それに対して②は、その出土遺物を根拠に、御家人が日常生活を送るような場所で、さらには御家人に仕える家人や職人たちも住んでいたのではないかと考えられている。これらの遺跡は、鎌倉における御家人の屋敷を考える上で非常に興味深い。高級な陶磁器類が出土していることや、屋敷の広さもあわせて考えると、この屋敷の主はかなりの財力を持った有力な御家人であったと推測できる。

屋敷の主については、これまで二つの説が提示されてきた。その分かれ目は、遺構が衰退する原因になった火事の痕跡をいつの時期と判断するかである。この火事を、元弘三年（一三三三）の鎌倉幕府滅亡の際の戦火だと解釈して、具体的な人名こそ分からないものの、邸宅の主を北条氏の中の有力者とする説が最初に提示された。それに対して、遺物の年代をややさかのぼらせ、火災の痕跡が弘安八年（一二八五）に起きた霜月騒動によるものだとして、この合戦で敗れた安達泰盛を屋敷の主だとする説もある。しかし、先述のように、安達泰盛亭は現在の御成小学校よりも北の無量寺谷付近にあったと推定されるので、この説も説得力を欠く。

筆者は、この邸宅の主がすでに触れた金沢貞顕の書状に登場する北条時益であり、火災痕は、まさに書状に記されている元徳元年（一三二九）の火災だと推測するが、これとて確証はない。いずれにせよ、これまで文献史料を根拠に繰り返し述べてきたように、甘縄が鎌倉の一等地であり鎌倉時代も有力な御家人が住んでいたことが、考古学的な発掘調査からも裏付けられたのである。

しかし、鎌倉の一等地である甘縄には、得宗《とくそう》とよばれる北条氏の本宗家《ほんそうけ》の邸宅は確認できなかった。確認できたのは、政村流北条氏や金沢流北条氏の一族の甘縄氏くらいで、その数は決して多くはない。そこで次章では、得宗を中心に、鎌倉幕府中枢に参画していた北条氏の邸宅のありかを探ってみよう。

北条氏の邸宅をさがせ

伊豆から鎌倉へ

鎌倉幕府の主役は、草創期の源頼朝や彼をとりまく御家人たちの活躍を除けば、ほとんどが北条氏《ほうじょう》であったといっても過言ではない。『吾妻鏡』がおそらくは北条氏によって編纂されたこともあって、『吾妻鏡』に頼らざるを得ない現代人から見た鎌倉幕府の歴史は、北条氏の歴史であるかのようにさえ思える。しかし、北条氏の歴史はそれほどさかのぼることはできない。彼らが歴史の表舞台に立つようになるのは、まさに『吾妻鏡』に登場するようになってからであった。

この章では、『吾妻鏡』をもとに北条氏の邸宅の場所を特定していく。しかし、北条氏はほとんどが没落することなく増え続けたので、さまざまな世代にわたる北条氏の邸宅の位置をすべて明らかにしていくことは容易ではない。そこで本章では「得宗《とくそう》を中心とした

北条時政の決断

北条氏略系図」を参照しつつ、北条氏の本宗家《ほんそうけ》である得宗を中心に彼らの邸宅のありかを探していくことにしよう。『吾妻鏡』などの断片的な証拠から北条氏の邸宅の位置を特定していく作業を、推理小説の謎解きのように味わってもらえれば幸いである。

源頼朝の妻となった政子の父が、北条時政《ときまさ》であり、実質的には彼が北条氏の祖といえる。時政は伊豆国の韮山《にらやま》（現在の伊豆の国市）に居館を構えていた。平安時代の北条氏は、伊

得宗を中心とした北条氏略系図　**ゴシック体**は得宗およびそれに準じる人物。

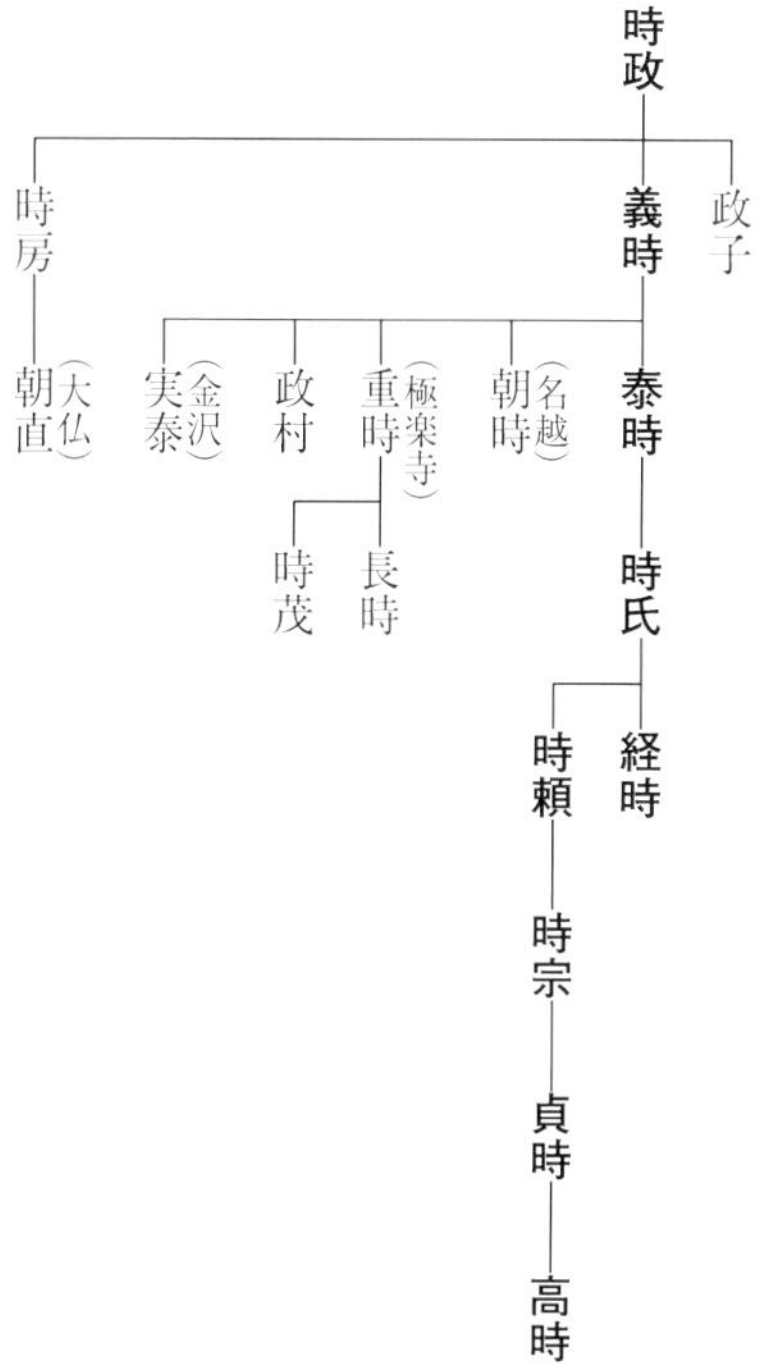

豆国の在庁官人《ざいちょうかんじん》だったと考えられている。在庁官人とは、国衙《こくが》に職を持つ地元の有力者のことである。今でいえば、さしずめ静岡県庁の職員といったところだ。そんな彼の住む韮山に、京都から源頼朝が流されてきた。当初、時政は頼朝の監視役であった。しかし、自分の娘の政子と流人の頼朝が恋に落ちてしまい、その仲を裂きがたいことが分かると、彼は政子と頼朝の縁談を認めることとなる。京都の平氏政権から見れば政治犯である頼朝を娘の夫として迎えるのには、かなりの覚悟が必要だったであろう。場合によっては自分も平氏政権に睨まれて追討されかねない。

これだけのリスクを負ったのだから、おそらくこの時に、時政は頼朝とともに歴史の表舞台に飛び出す決意をしたのであろう。頼朝の挙兵時に時政は数えで四三歳。当時の平均寿命からすれば、残された時間は多くない。伊豆国の韮山で在庁官人として人生を終えるのか、それとも頼朝とともに勝算の高くない戦いに挑むのか。時政の決断は後者であった。

伊豆での北条氏

時政の邸宅は『吾妻鏡』では北条館《ほうじょうのたち》と表記されている。源頼朝はここで平氏追討の令旨《りょうじ》を受けとった。この北条館については、近年の発掘調査によってさまざまなことが明らかとなってきている。大まかに要点をまとめると以下のようになる。

北条館跡と考えられている円成寺《えんじょうじ》遺跡には、鎌倉幕府成立に先行する時期から生活の痕跡が見られ、高級な輸入陶磁器《とうじき》も出土していることから、平安末期にはすでに北条氏がこの地で活動していたことが分かる。また、輸入陶磁器やかわらけとよばれる素焼きの土器の数は、十三世紀半ばをピークに下降線をたどることも分かっている。おそらく北条氏は、時政が活躍する前には韮山で生活を始めており、鎌倉幕府が成立して半世紀あまり経った十三世紀半ばには、拠点を鎌倉に移していったのであろう。その結果が、北条館から出土する遺物の時期や量に表れているのである。ちなみに円成寺は、北条高時の邸宅跡に建てられたという伝承を持っていた。

なお、室町時代に京都から鎌倉に派遣されながらも鎌倉に入れなかった関東公方が住んだのはこの北条館周辺であり、堀越《ほりこし》公方とよばれていた。北条氏発祥の地である伊豆国韮山の一帯は、それだけ由緒のある地と考えられていたのであろう。

北条館に近接する地域には、願成就院《がんじようじゆいん》とよばれる寺院もあった。現在も残るこの寺院は、『吾妻鏡』によれば、頼朝の「奥州征伐」（奥州藤原氏との戦い）の成功を祈念して文治五年（一一八九）に建てられた寺院だという。ただし、同寺院に残る仏像の中からは、文治二年に仏像が作成されたことを示す銘札が発見されており、願成就院の成立についてはまだ検討の余地が残されている。また『吾妻鏡』では、嘉禎二年（一二三六）六月五日条を最後に願成就院は登場しなくなる。願成就院もまた、北条館と同様に十三世紀半ば以

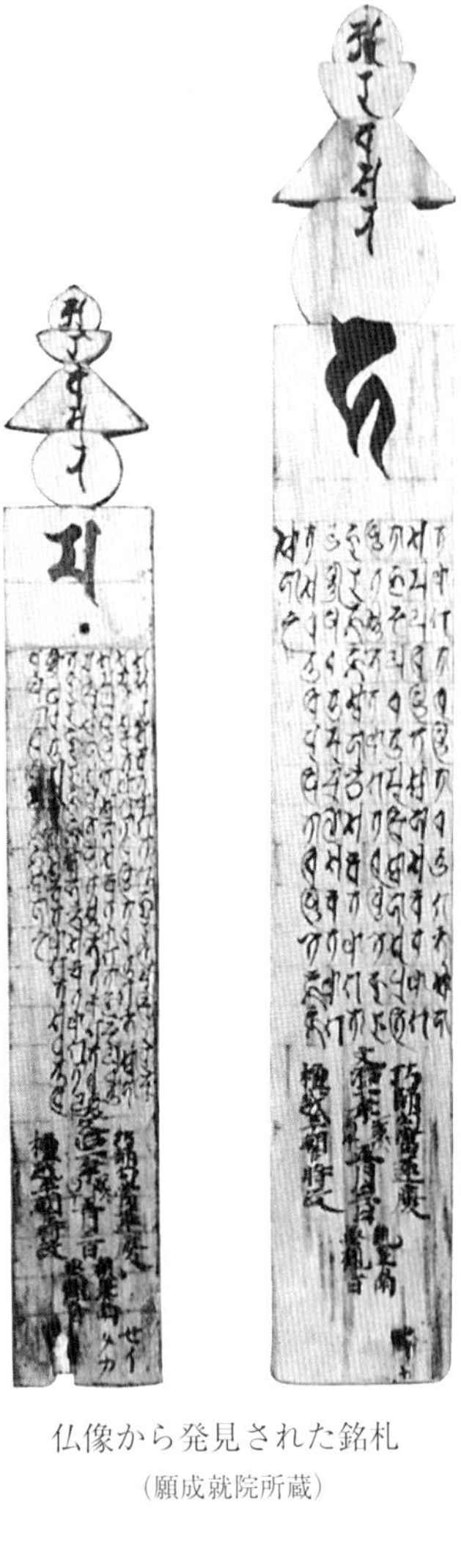

仏像から発見された銘札
（願成就院所蔵）

降には歴史の表舞台からは姿を消していったのである。

当初は、北条時政の邸宅である北条館と、それに付属する寺院である願成就院が北条氏の伊豆における拠点であった。しかし、十三世紀半ば以降に北条氏が鎌倉に拠点を移すと、北条館も願成就院も次第にかつてのにぎわいを失っていったのであろう。

北条時政の子である義時《よしとき》も伊豆国韮山に邸宅を持っていた。その具体的な場所は特定できていないが、『吾妻鏡』には彼が「江間《えま》四郎」とか「江間殿」などと表記されているので、韮山にほど近い江間の地に邸宅を構えていたようである。

北条時政・義時親子の場合は、まだ伊豆国韮山と鎌倉とをしばしば往返していたが、その後の世代は、北条館や願成就院の出土遺物が減っていることからも分かるように、もっぱら鎌倉に住むようになっていたようである。以下では、得宗を中心に鎌倉における北条氏の邸宅のありかを探ってみよう。

北条時政の名越亭

北条時政は鎌倉では名越《なごえ》に邸宅を持っていた。名越とは鎌倉の南東部の地名で、現在では中世後期に建立された日蓮宗の寺院が多いことで知られる。『吾妻鏡』建仁三年（一二〇三）九月二日条には、時政亭に「小門」や「惣門」などがあったことが記されており、同九月四日条からは、侍所《さむらいどころ》もあったことが分かる。『吾妻鏡』建仁三年十月八日条では、三代将軍の源実朝が時政の名越亭で元服をしている。この時には、「百余輩《ひゃくあまりのともがら》」が侍所に着座したという。「侍所」とは従者が詰める空間のことを指すから、時政亭は大規模な侍所を伴ったそれなりの規模を持つ邸宅だったのだろう。また、将軍の元服が行われるということは、時政の名越亭が将軍御所に準じるような性格もあわせ持っていたと考えられる。

鎌倉には、時政の名越亭跡という伝承を現代に伝える一帯がある。釈迦堂《しゃかどう》の切り通し周辺の地域だ。しかし近年の発掘調査では、十二世紀末から十三世紀前半にかけての遺構は検出されず、十三世紀半ば以降の遺跡しか確認できなかった。つまり、北条時政が活躍した時期の遺構が見つからなかったのである。伝承は考古学的には裏付けられなかったのだ。残念な結果ではあるが、『吾妻鏡』にははっきりと名越に時政亭があったことが記されているので、名越のどこかに時政亭の遺構が今も静かに眠っていることであろう。歴史学がすべてを解明してしまってはかえって面白味に欠けることもある。このまま時政亭が見つからなくても悲観することはあるまい。いつの日か、時政亭の遺構が発見されることを心待ちにすることにしよう。

鎌倉の拠点、大倉

時政の子の義時が伊豆の江間に住んでいたことはすでに述べたが、彼は鎌倉にも邸宅を持っていた。しかも二ヵ所。場所は大倉と小町である。大倉とは、源頼朝が御所を構えた一帯の地名であることから、義時の大倉亭は、将軍に奉仕するために必要な邸宅だったのであろう。もうひとつの邸宅があった小町とは、若宮大路の東側で大倉に隣接する一帯を指す地名である。この二つの義時亭がどこにあったかを、『吾妻鏡』をもとに探っていこう。まずは大倉亭。

『吾妻鏡』寛喜三年（一二三一）正月十四日条には次のようにある。

大倉観音堂の西の辺り、下山入道の家、失火す。余炎に依り、唐橋中将の亭ならびに故左京兆（北条義時）の旧宅に及ぶ。二階堂大路《にかいどうおおじ》の両方の人屋等、焼けおわんぬ。

大倉観音堂（現在の杉本寺）の西で火災があり、その火が北条義時の旧宅までも類焼さ

現在の杉本寺

せてしまったというのである。さらには、二階堂大路という永福寺《ようふくじ》に向かう道の両側の民家も焼けてしまったというのだ。義時はこの時点ですでに死去しているので、彼の家は「旧宅」と記されている。大倉観音堂周辺の火事で焼けているのだから、この時に焼けた義時の旧宅は義時大倉亭と考えて問題あるまい。この史料からは、義時大倉亭が、とりあえずは大倉観音堂の西にあったことが分かる。

また『吾妻鏡』貞応二年（一二二三）正月二十日条では、義時亭を西側の大路まで拡張する計画が出されている。義時亭の西側には大路があったのである。大倉観音堂の西側で大路と言えば二階堂大路しかない。前掲の史料で二階堂大路の両側の民家が焼けていることからも、義時大倉亭が二階堂大路に近接していたと考えるべきであろう。したがって義時大倉亭は、二階堂大路に東側で面する地域であったことまでは特定できることになる。これ以上の現地比定は難しいが、二階堂大路はそれほど長い道ではないから、義時大倉亭の位置はかなり絞り込めたといえよう。

義時は、建保六年（一二一八）七月九日、この大倉亭の近くに大倉薬師堂を建立している。義時は伊豆の願成就院にも何度か赴いていたから、彼個人の信仰の対象は、当初は願成就院だったのだろう。しかし、父を失脚させ、有力御家人の和田氏を滅ぼしたこの時期に、鎌倉に大倉薬師堂を創建したことの意味は大きい。おそらく伊豆という北条氏発祥の地を離れ、北条氏の拠点を鎌倉の大倉の地に確立させようとする義時の考えを反映しての創建だったのだろう。大倉薬師堂というくらいだから、この堂も大倉にあったはずだ。現在も鎌倉に残る覚園寺《かくおんじ》のある谷は薬師堂谷《やくしどうがやつ》とよばれている。また覚園寺は大倉薬師堂を前身として建立されたという伝承が残っている。したがって大倉薬師堂は、薬師堂谷の入り口付近に建立されたと考えるのが自然であろう。この位置は、義時の大倉亭とも近接している。

また、場所はまったく不明だが、義時の弟にあたる時房《ときふさ》も大倉に邸宅を構えていたことが分かっている。こうして北条氏は、自分たちの邸宅や寺院を大倉に集め、大倉を鎌倉の拠点に定めて伊豆国韮山から鎌倉に移行していったのである。

北条義時の小町亭

北条義時は大倉だけでなく、小町にも邸宅をもっていた。『吾妻鏡』では、承久元年（一二一九）正月二十七日条などに「小町御亭」と登場する。それほど離れていない大倉と小町になぜ邸宅を持っていたのかは分からないが、江戸時代の江戸における大名の上屋敷《かみやしき》と下屋敷《しもやしき》のような用途の使い分けがあったのかもしれない。義時小町亭の位置を知るには、次に示した『吾妻鏡』建久二年（一一九一）三月四日条が参考となる。

丑の刻、小町大路の辺り失火。江間殿(義時)、相模守、村上判官代、比企右衛門尉、同藤内、佐々木三郎、昌寛法橋、新田四郎、工藤小次郎、佐貫四郎已下《いか》の人の屋、数十宇焼亡す。余炎、飛ぶが如く鶴岡馬場の本《もと》の塔婆に移る。この間、幕府同じく災す。則《すなわ》ちまた、若宮の神殿・廻廊・経所等　悉《ことごと》く以て灰燼《かいじん》と化す。供僧の宿坊等、少々同じくこの災を遁《のが》れずと云々。

この史料によれば、小町大路辺りの火災によって北条義時をはじめ数十軒の家が燃え、鶴岡八幡宮や大倉幕府などが焼失してしまったようである。火災の範囲はともかく、義時の名前（江間殿）が先頭に記されていることから、義時亭が小町大路周辺にあったことは

現在の宝戒寺

明白であろう。小町大路とは、若宮大路の東側を北東から南西に走る道である。義時小町亭はこの道に面していた可能性が高い。では、その邸宅は小町大路の東にあったのだろうか、それとも西にあったのだろうか。

『吾妻鏡』建保元年（一二一三）五月二日条の和田合戦の記事では、和田義盛の軍勢が、「小町上」にある義時の邸宅の「西北両門」を攻撃したとある。義時小町亭には西と北に門があったのである。西側と北側に門があったということは、西と北で道に面していたということになろう。もしこの邸宅が小町大路の西側にあったとすると、義時小町亭は若宮大路に西門を開いていたことになる。しかし、若宮大路に面した邸宅を「小町御亭」とよぶのには違和感を覚える。若宮大路に面していたならば、若宮大路御亭などと表現するのが自然であろう。

そこで、義時小町亭が小町大路の東側にあったと仮定すると、すべてつじつまが合う。西側の門は小町大路に向けて開かれており、北側の門は、将軍御所の南側を通る六浦道《むつらみち》とよばれる道の方に開かれていたと考えられる。そしてちょうどその位置は、現在の宝戒寺《ほうかいじ》の一帯に当たる。宝戒寺は最後の得宗である北条高時の邸宅跡に建てられた寺だ。そこに北条高時の祖先である義時の邸宅があったとしても、何ら不自然ではない。したがって、義時小町亭は小町大路の東側にあり、より具体的には、現在の宝戒寺の位置にあったと結論づけることができよう。

大倉から小町へ

義時の次の得宗は北条泰時《やすとき》である。彼は御成敗式目を制定し、評定衆を設置したことで知られる有名人。『吾妻鏡』で泰時は名君として絶賛されており、その評価は現在にまで及んでいる。彼に悪いイメージを持つ読者はほとんどいないのではなかろうか。しかし、歴史を見るときに特定の人物を主観的な善悪という基準で捉えてばかりはいられない。客観的という名の、すこしばかり冷ややかな目で、まずは彼の邸宅のありかを探し出してみよう。

北条泰時の小町亭

『吾妻鏡』承元四年（一二一〇）十一月二十日条には次のようにある。

> 戌の剋焼亡す。北の風甚《はなは》だ利く。相模太郎殿（北条泰時）小町御亭ならびに近隣の御家人の宅等災す。其の後、他所に及ばず。

この時の火事で、北条泰時の小町御亭が焼けたという。泰時亭が小町にあったことは分かるが、これだけでは詳しい現地比定までは不可能だ。泰時亭は小町のどこにあったのか。この時に父の義時はまだ健在だから、義時小町亭は継承できるはずもない。さて、どうしたものか。そこで、もう少し時期を下らせて手がかりを探してみよう。

泰時がこの世を去ってから五年後の宝治元年（一二四七）。『吾妻鏡』の同年七月十七日条には次のような記述がある。

　相州（重時）六波羅より参着す〈去る三日に出京す〉。故入道武州（北条経時）経時の小町上の旧宅〈御所北面の若宮大路なり〉を以て居所となす。是《これ》は、前武州（北条泰時）禅室の跡なり。武州経時、相伝せらるるの処、去る寛元二年十二月に焼亡す。然《しか》るに元の如く新造す。此の第に於いて終を取るの後、今に其の主なしと云々。

北条重時《しげとき》が六波羅探題《ろくはらたんだい》の任を終えて鎌倉に戻ってきた時、彼は、すでに死去していた北条経時《つねとき》の旧宅に入った。この邸宅は、小町上にあり、御所の北側にあって若宮大路に面していた。そしてここは、かつて北条泰時が住んでいた邸宅だったという。泰時の死後は泰時嫡男の経時が住んでおり、火災で焼けたもののすぐに再建され、経時がこの邸宅で死去してからは誰も住んでいなかったらしい。

この記述をそのまま信じるならば、北条泰時の小町の邸宅は小町上で若宮大路に面した、御所の北側にあり、泰時・経時・重時と継承されたことになる。この邸宅が泰時の「小町御亭」と考えて問題ないだろう。やや遠回りをしたが、前掲二つの史料から、泰時の邸宅は若宮大路に面した、御所の北側にあったことが明らかとなった。「小町御亭」という表記からすると、小町大路にも面していたのであろう。そしておそらく北側は、鶴岡八幡宮の南を東西に走る横大路に面していたと考えられる。結論をまとめるならば、泰時亭は、西を若宮大路、東を小町大路、北を横大路、南を将軍御所に囲まれた地域にあったということになろう。この一帯は、義時の小町亭とは小町大路をはさんだ向かい側に当たる。義時・泰時の親子は、小町大路の西と東の向かい同士に邸宅を構えていたのである。「小町周辺概念図」を参照いただくと、Aが泰時亭でBが義時の小町亭ということになる。以後は、泰時亭の位置を「若宮大路小町亭」、義時の小町亭の位置を「宝戒寺小町亭」と仮称することにしよう。

北条義時の嫡男として鎌倉の若宮大路小町亭で育った泰時は、承久三年（一二二一）に起きた承久の乱で幕府軍の大将の一人として京都に攻め上り、京方の軍隊を敗北させた。この時数え年で三九歳。そのまま、叔父の北条時房とともに京都に残った泰時は、戦後処理を兼ねて京都の治安維持や西国御家人・朝廷の監視などに当たった。これが六波羅探題の始まりである。京都の名だたる実力者を相手に、幕府の代表として折衝に当たった泰時

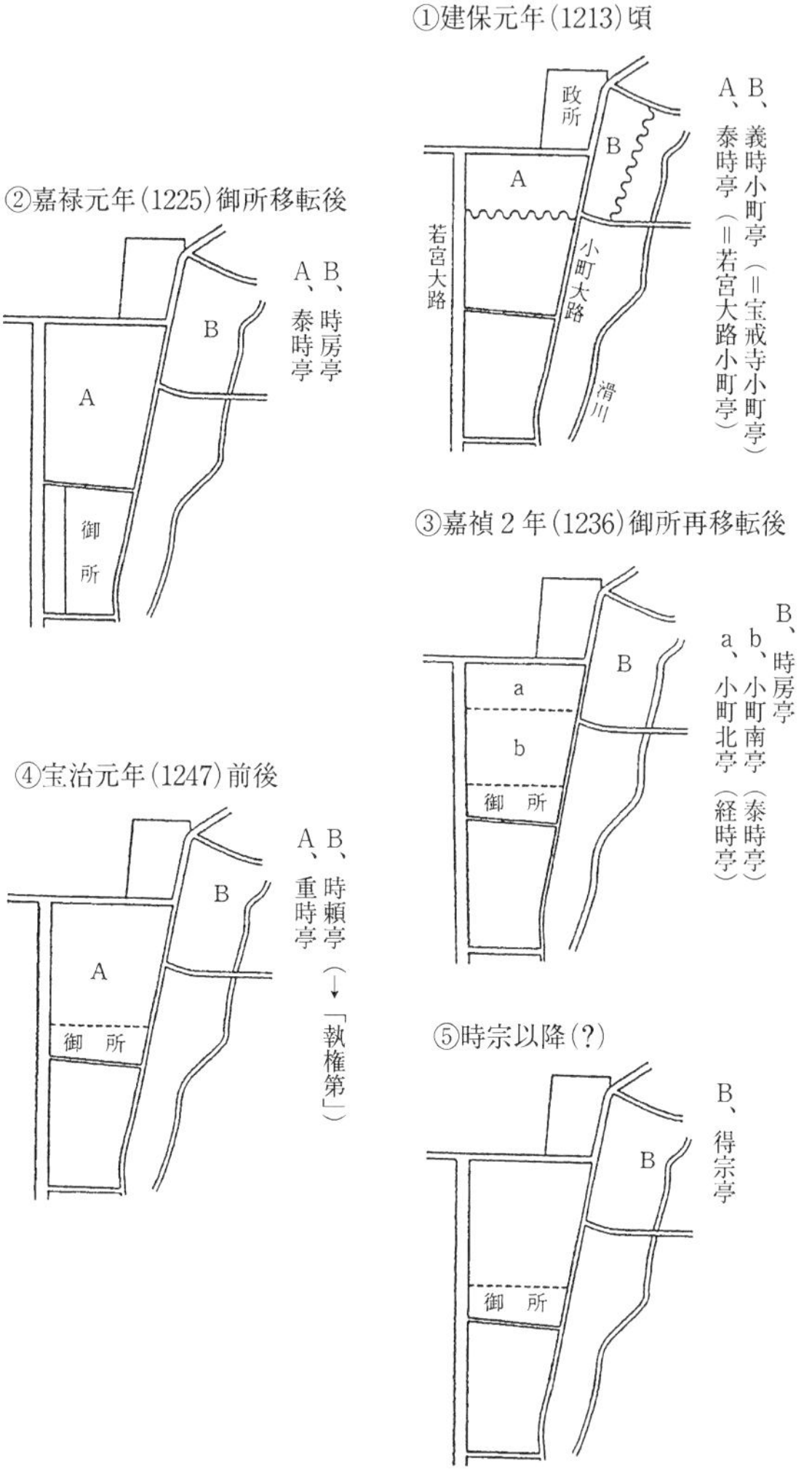
①建保元年（1213）頃
政所
A
B
若宮大路
小町大路
滑川
B、義時小町亭（＝宝戒寺小町亭）
A、泰時亭（＝若宮大路小町亭）
②嘉禄元年（1225）御所移転後
A
B
御所
B、時房亭
A、泰時亭
③嘉禎２年（1236）御所再移転後
a
b
B
御所
B、時房亭
b、小町南亭（泰時亭）
a、小町北亭（経時亭）
④宝治元年（1247）前後
A
B
御所
B、時頼亭（→「執権第」）
A、重時亭
⑤時宗以降（？）
B
御所
B、得宗亭

小町周辺概念図

は、京都の文化や思想、あるいは朝廷や幕府のあり方についても思いをめぐらせたことであろう。鎌倉を中心とした東国御家人のやり方だけでは朝廷とは折り合っていけない。鎌倉に生まれ育ち、壮年期を六波羅で過ごした彼は、幕府と朝廷との理想的なあり方を模索していたのかもしれない。

上洛してから三年後の元仁元年（一二二四）。泰時四二歳の夏。彼は鎌倉に帰ることとなった。父義時の死去をうけてのことである。『吾妻鏡』には、泰時が鎌倉の小町西北にある邸宅に入ったとある。上洛以前から住んでいた若宮大路小町亭に戻ったのであろう。

北条時房の引越

泰時とともに上洛して六波羅探題となっていた泰時の叔父の時房も、しばらくして鎌倉に戻った。史料は残されていないが、上洛する前から住んでいた前述の大倉亭に帰ったのであろう。しかし、時房はすぐに引越をする。『吾妻鏡』嘉禄元年（一二二五）七月二十三日条には、その引越先が「京兆《（義時）》御旧跡」であり「二品《（政子）》御居所」でもあったと記されている。北条義時が住み、北条政子も住んだことのある邸宅は、すでにそのありかを二階堂大路の東に面した地に推定した、義時大倉亭しかない。時房は、かつての邸宅から義時大倉亭に移住したのである。

この邸宅には、後に四代将軍九条頼経《よりつね》となる三寅《みとら》が住んでいた。二歳で鎌倉にやってきた三寅は、義時の庇護の下、元服を待って将軍となる予定だった。義時は次の将軍を掌中におさめ、その成長を待っていたのである。しかし、三寅が元服する前の元仁元年（一二二四）六月十三日に義時はこの世を去ってしまう。三寅を抱え込む役割は北条政子に託された。政子はそれまで住んでいた勝長寿院内の邸宅を出て、三寅の住む旧義時大倉亭に移り住む。ところが、その政子も翌嘉禄元年七月十一日に死去してしまう。次期将軍を担いで幕政を握ろうとする御家人は、もちろん北条氏だけではない。一刻も早く三寅を北条氏の管理下に置かなければ、幕府内での北条氏の地位は危うい。

　ここで、時房の引越の意味が明らかとなる。義時と政子が住んだ、三寅のいる旧義時大倉亭に時房が引越を決行したのは、政子の死の一二日後であった。時房はこの時五一歳。義時や政子の弟で北条氏の長老格である時房が、政子の四十九日も待たずに三寅のいる旧義時大倉亭に移ったのである。このことで、将軍を推戴する北条氏の幕府内における立場は、とりあえず確保されることとなった。『吾妻鏡』には「相州（時房）、京兆（義時）の御旧跡に移住し給ふ。日来《ひごろ》二品（政子）の御居所なり」としか記されていないが、義時と政子が住んでいた邸宅に移り住むことには、それだけの政治的背景があったのである。

　前述のように、義時は鎌倉の中でも大倉に邸宅と大倉薬師堂を構え、弟の時房も大倉に住んでいた。政子も、大倉にある勝長寿院に住んでいたから、北条氏一族の主要人物は、大倉に集まっていたことになる。しかし、義時と政子が相次いでこの世を去ると、時房は義時の旧大倉亭に移り住んだものの、執権の泰時は若宮大路小町亭に住んでいた。つまり、大倉が北条氏の鎌倉における拠点ではなくなってしまったのである。

執権の泰時が小町に住み、連署の時房が大倉に住むという分裂状況を解消するために、泰時と時房は将軍御所の移転を決行する。三寅の元服および将軍就任と連動して、将軍の居所を泰時亭近くの小町に移転させようというのである。義時存命中の段階では、三寅の御所は義時大倉亭内に新築される予定であり、工事の日程もすでに決まっていた。しかし、陰陽師らの反対などもあって思うように計画は進まず、そのまま義時は死んでしまう。そこで泰時は、周囲の一瞬のスキをつくかのように、嘉禄元年十二月二十日、父義時の構想に反して小町周辺の宇津宮辻子へと御所を移転させる。この移転によって、将軍の近くには泰時が住むことになり、北条氏の拠点も、かつての大倉から小町へと移ることになった。

もちろん、この前後に時房も小町に引越をしている。御所移転の二ヵ月ほど前に当たる十月二十八日には、時房の住んでいた旧義時大倉亭が破却され、時房は小町に移った。これによって、執権の泰時と連署の時房が、ともに小町に住むこととなる。北条氏の拠点が、御所とともに大倉から小町に移ったのである。

それでは、時房の小町亭は具体的にはどこにあったのか。『吾妻鏡』安貞元年（一二二七）二月八日条には、小町にある宇津宮辻子《うつのみやずし》に移転した幕府周辺の火災で時房の邸宅も類焼の危機にさらされたことが記されていることから、時房が小町に住んでいたことは明らかだ。さらに邸宅の場所を絞り込むには、『吾妻鏡』延応元年（一二三九）四月二十五日条が重要な証拠となる。ここでは、時房の邸宅が泰時の邸宅の道をはさんだ向かいにあったと書かれている。泰時亭の道をはさんだ向かい側は、現在の宝戒寺一帯であり、前述した旧義時小町亭のあった場所である。時房は宝戒寺小町亭を継承していたのだ。初代の六波羅探題や執権・連署の名コンビとして知られる北条泰時と時房は、小町大路をはさんだ向かい同士に住んでいたのである。

北条経時の小町亭

北条泰時の嫡男だった北条時氏は早世したので、跡を嗣いだのは嫡孫の経時であった。彼の邸宅は、すでに掲げた『吾妻鏡』宝治元年（一二四七）七月十七日条に「前武州（北条泰時）禅室の跡なり」とあることから、泰時の若宮大路小町亭を継承したものであったことが分かる。この経時亭が火事で焼けた後、その再建を記す『吾妻鏡』寛元三年（一二四五）六月二十七日条には以下のようにある。

今日戌剋、武州（経時）の花第《かてい》〈故武州（泰時）禅室第北隣〉ならびに左親衛（時頼）亭、各《おのおの》移徙《わたまし》の儀と云々。
日来《ひごろ》新造の功、已《すで》に成ると云々。

火災で焼けた経時亭と時頼《ときより》亭が新造され、引越のための移徙の儀式が行われた。経時の邸宅は、すでに死去している祖父泰時の邸宅の北隣だという。

さて困った。経時亭は祖父である泰時の若宮大路小町亭を継承したもののはずなのに、ここでは経時亭が泰時亭の北隣だというのだ。いずれかの『吾妻鏡』の記事が間違っているのだろうか。確かに『吾妻鏡』は誤りがまま見られる史料ではある。しかし、まずは史料を信じなくてはなるまい。疑い始めてはすべてが誤りとなってしまい何も分からなくなってしまうからである。まずは史料の内容を信じた上で、それでどうしてもつじつまが合わなかったり、他の史料との整合性がとれない時にだけ、史料が誤っていると判断することが許されるのだ。

では、祖父の邸宅を継承していながら、祖父の邸宅の北隣に住むことがあり得るのか、その可能性を探ってみよう。実は、発想を変えれば答えは簡単である。経時が、祖父泰時の邸宅のうち、北側だけを譲られたと考えればいいのである。鎌倉時代には、父親が自分の住居内に子供のための住居を提供する場合も多かったから、泰時亭内の北側だけが、孫の経時に譲られたとしても不思議ではあるまい。経時は、連署を置かない執権として幕政内で重要な位置を占めたが、現代ではいまひとつ知名度に欠ける。しかし、経時が名声高い泰時の邸宅を継承していたということは、彼が泰時の正統な後継者であったことを示す有力な証拠であろう。これを機会に、北条経時の名前をおぼえてほしい。

北条重時の小町亭

経時死去後の若宮大路小町亭には、六波羅探題から戻った重時が住んだことは、すでに七三ページに掲げた『吾妻鏡』宝治元年（一二四七）七月十七日条から明らかである。重時は泰時の弟で、経時の大叔父に当たる。経時の死後、しばらく主のいなかったこの邸宅は手入れが必要だったのであろう。重時が鎌倉に戻ったおよそ四ヵ月後、宝治元年十一月十四日に重時亭は新造された。この時の『吾妻鏡』には次のようにある。

相州（重時）の新造の花亭、移徙《わたまし》の儀あり。評定所ならびに訴訟人等の着座の屋、東の小侍等、今度始めて造り加うる所なり。

経時亭の跡地に新造された重時亭には、評定所や訴訟にやってきた人々の控え室、そして東の小侍所《こさむらいどころ》が初めて造られたとある。当時の「始」は現代の「初」の意味で用いられることが多いから、今回初めて、これらの建物が重時亭の中に造られたと解釈できる。おそらくそれまでは将軍御所内に建てられていたのであろう。評定所は幕府の重要な政務を決めたり裁判を確定する評定が行われる場所である。鎌倉幕府をひとつの国家と見れば、国会議事堂兼最高裁判所に当たるような建物だ。また東の小侍所は、鎌倉大番役を務める御家人が詰めるという、幕府の御家人統制にとって重要な場所である。これらの建物があった重時亭は、鎌倉幕府の中枢を握るような非常に重要な邸宅であったといえよう。それだけ、重時の幕政に占める割合が高かったのである。その意味で、『吾妻鏡』のこの記事が持つ価値は大きい。

しかし、ここで素朴な疑問が生じる。重時は連署だ。当時の執権は時頼。一般的には執権が幕政を握り、連署はむしろそれを補佐する立場にある。ここに、執権北条時頼の微妙な政治的立場を読みとることができるのではないか。実は時頼は、前代の執権経時の弟であって本来の嫡流ではない。父の時氏が早世し、嫡流の兄経時も二三歳の若さで他界した。経時の子供はまだ幼い。そこで、経時の弟の時頼が擁立されたのである。時頼は、実は北条氏本来の嫡流ではなく「つなぎ」の執権だったのである。だからこそ、連署の重時が幕府中枢を握り、時頼を支えなければならなかったのだ。泰時の邸宅が経時、重時と継承されたのも、幕政の中心となる人物と建物とがセットで継承されたからであろう。それでは、その時頼の邸宅はどこにあったのだろうか。

北条時頼の小町亭

時頼の邸宅も、『吾妻鏡』建長三年（一二五一）十月八日条に「相州(時頼)新造御亭小町」などとあるように、小町にあったことは明らかである。さらに詳しい場所を特定するためには、次の『吾妻鏡』建長四年五月十七日条が参考となる。

将軍の御方違《おんかたたがえ》の事、評議を経らる。奥州(重時)亭を以て御本所に用いらるべしと云々。しかるに、当御所〈相州《（時頼）》御亭〉より西方に当たる。大将軍の方の憚《はばか》り有るべきの由、晴《はる》賢《かた》・晴茂《はるしげ》・為親《ためちか》・広資《ひろすけ》・晴憲《はるのり》・以平《もちひら》・晴宗《はるむね》等、一同これを申す。よって、出羽前司《でわのぜんじ》長《なが》村《むら》の車大路《くるまおおじ》亭に定めらると云々。当御所より正方の南なり。

この記事によれば、将軍の宗尊親王が方違《かたたがえ》をするというので評議が行われたという。方違とは、外出する時に一定の方角を避けるため、前日のうちにあらかじめ別の方角に移動しておくことである。この時は、宗尊親王の方違のため、重時亭にいったん移動すればよいのではないかという意見が出された。しかし、晴賢をはじめとする陰陽師たちはこれに異議を唱えたのである。彼らの主張は次の通り。重時亭（奥州亭）は、宗尊親王が現在滞在している時頼の邸宅（当御所）から見て西に当たる。西側は、この年には大将軍という方角に当たり不吉だというのだ。結局彼らの意見が採用され、宗尊親王の方違の場所は、車大路にある小山長村《おやまながむら》の邸宅に決まったという。

話題を時頼の邸宅の位置に絞ろう。宗尊親王はこの時、時頼亭に滞在していた。彼は方違のために重時亭へ移ろうとしたが、重時亭は時頼亭から見て西側に当たるので不吉だというのである。したがって、時頼亭は重時亭の東側にあったことになる。重時亭は、前述のように泰時から経時、重時へと継承された若宮大路小町亭であった。そこから見て東側となれば、小町大路をはさんだ宝戒寺小町亭しか考えられない。つまり、時頼は義時から時房へと継承された宝戒寺小町亭に住んでいたのである。

ここで七五ページの「小町周辺概念図」を参照しながら、改めて邸宅の継承関係を確認しよう。北条氏は小町に二つの邸宅を持っていた。ひとつが宝戒寺小町亭であり、もうひとつは若宮大路小町亭である。これまでの検討の結果から、若宮大路小町亭は泰時・経時・重時と継承され、宝戒寺小町亭は義時・時房・時頼と継承されたことが明らかとなった。泰時の頃と時頼の頃とを比べると、ちょうど執権と連署の邸宅が入れかわったことになる。これも、時頼の微妙な政治的立場の反映であろう。

執権亭の誕生

『吾妻鏡』康元元年（一二五六）十一月二十二日条には、時頼の宝戒寺小町亭について次のように記されている。

> 今日、執権を武州〈長時〉に譲らる。又武蔵の国務、侍別当ならびに鎌倉第、同じくこれを預け申さる。但し、家督幼稚の程、眼代《がんだい》なりと云々

この記事によれば、時頼は執権を重時の子の長時に譲っている。その際に、武蔵国の国務と侍所の長官（別当）、そして鎌倉の邸宅も同時に譲ったという。この譲渡によって、時頼の住んでいた宝戒寺小町亭は執権や侍所別当などの職に付随する官邸のような存在となった。ただしこの措置は、時頼の嫡男である時宗《ときむね》が幼いための暫定的なもので、長時は眼代という代理に過ぎないと『吾妻鏡』は強調している。兄の経時が急死したことによっ

てタナボタで執権がまわってきた時頼は、経時の子らに執権職が戻らないよう、確実に嫡男の時宗に執権職を渡すために、あえて早めに執権を長時に譲り、時宗への継承を既定路線にしたかったのだという可能性も考えられる。いずれにせよ、時頼のこの譲渡によって宝戒寺小町亭は、執権職に伴ういわば執権官邸のような存在となったのである。

長時の次に執権となった北条政村は、後述するように鎌倉の郊外にある常盤《ときわ》に別荘を持っていたが、執権就任後には小町亭にいることが多かった。そして『吾妻鏡』の途切れる文永三年（一二六六）頃までには、政村の小町亭が「執権亭」と表現されるようになる。この「執権亭」こそ、時頼から長時へと譲られたことで執権官邸と化した宝戒寺小町亭のことであろう。

時頼の思惑通り無事に執権となった北条時宗も、やはり宝戒寺小町亭に住んだようだ。彼の邸宅は、『吾妻鏡』文応元年（一二六〇）二月二十一日条では「東御亭」と書かれている。時宗の同母弟である北条宗政や、宗政の子の師時、孫の貞規は「西殿」とよばれていたことからすると、宝戒寺小町亭内の東側にある「東御亭」に時宗が住み、弟とその子孫は、宝戒寺小町亭内の西側に住んでいたと考えることも可能であろう。

時宗の子の貞時がどこに住んでいたのかを示す史料は少ないが、彼もおそらくは宝戒寺小町亭に住んでいたと考えられる。というのも宝戒寺は、前述のように後醍醐天皇が北条一族の霊を弔うために、北条高時の邸宅跡に建てた寺であったから、宝戒寺小町亭に貞時の子の高時が住んでいたことは明白だからである。父の時宗と子の高時が宝戒寺小町亭に住んでいたのだから、貞時自身もやはり同じ所に住んでいたと想定して問題あるまい。

しかし、宝戒寺小町亭が執権官邸と化していたとすると、執権は日常生活を送る場所が別に必要となってくる。鎌倉郊外に北条氏が邸宅を持つようになるのはそのためであろう。この現象は、実は北条義時の時代から見られることであった。そこで次に、鎌倉郊外における北条氏の邸宅を見ていくことにしよう。

郊外への展開

名越一族

北条義時には、前掲六一ページの「得宗を中心とした北条氏略系図」に見られるように、嫡男の泰時をはじめ、名越朝時《なごえともとき》、極楽寺重時《ごくらくじしげとき》、北条政村《まさむら》、金沢実泰《かねさわさねやす》ら多くの子供がいた。先述のように、義時は伊豆を離れて鎌倉に拠点を置いたのだから、彼の子供たちも鎌倉に邸宅を構え、鎌倉に定住するようになっていった。しかし彼らは、大倉や小町という御所や得宗の邸宅周辺だけでなく、鎌倉の郊外にも別荘を持つようになっていく。彼らによって鎌倉の外縁部に北条氏の拠点が確保され、鎌倉の輪郭が形成されていったのである。ここでは、義時の子息を中心に、彼らの鎌倉における邸宅について見てみよう。

義時の嫡男泰時が小町に邸宅を持っていたことはすでに述べた通りである。二男の朝時は、名越を名乗っていることからも分かるように、名越にあった北条時政の邸宅を継承していた。北条氏の中でも名越氏は、独自の動きを示す一族である。おそらくは、義時の父である北条時政の名越亭を継承していることで、時政の嫡流であるという意識が自他ともに強かったのであろう。

名越氏は、執権や連署、評定衆といった幕府要職にはほとんど就かないものの、かなりの存在感を示していたらしい。『吾妻鏡』寛喜三年（一二三一）九月二十七日条には、名越朝時の邸宅に悪党が打ち入ったことを聞いた執権の北条泰時が、とるものもとりあえず慌てて評定の座から飛び出したという有名なエピソードが記されている。軽率な行動を平盛綱にたしなめられた泰時は、兄が弟を思うのは当然だといって逆に周囲を感心させたという。しかし名越朝時は、せっかく評定衆に選ばれながら一度出仕しただけで辞めてしまうような人物だ。その朝時を、執権の泰時は評定の座を飛び出してまで守ろうとしたのである。泰時に好意的な『吾妻鏡』は、泰時の行動をうまく兄弟愛の美談に仕立て上げているが、執権北条泰時が名越朝時の動向を気にかけていたことは明らかであろう。

また『吾妻鏡』寛元二年六月二十七日条には、次のようなエピソードも残されている。一回は棄却された訴訟を再審してもらいたいという有間朝澄《ありまともずみ》の要求を受け、幕府に何の役職も持たず、評定衆でもないにも関わらず、名越朝時は臨時の評定を開かせたのである。

彼はすでに二年前に出家して生西という法名を名乗っている時期のことだ。朝時の影響力が、幕府の職制を超えた位置にあったことを示す逸話といえよう。しかし名越氏は、その後の政変で弱体化し、結局は北条氏の一支族の立場に甘んじていくこととなる。

極楽寺流北条氏

朝時の弟が、後に極楽寺流北条氏の祖といわれる重時である。彼の邸宅は、すでに述べたように若宮大路小町亭であった。このほかに、弘長元年（一二六一）頃には、鎌倉の南西部に当たる海岸近くに「極楽寺亭」とよばれる別荘も持っていたようである。重時存命中の極楽寺は、重時の個人的な信仰空間である持仏堂のような存在であり、彼は持仏堂を伴った別荘を構えていたのであろう。重時は病を得てこの別荘で死去する。享年六四歳。一周忌も三回忌も極楽寺で行われた。本来は別荘内に建てられた重時の持仏堂的寺院であった極楽寺は、彼の死後に寺院として整備され、律宗の鎌倉における大きな拠点となった。重時に始まる一族は、この寺の名前から極楽寺流北条氏とよばれている。なお、極楽寺が鎌倉の浜の管理を行って鎌倉の海運を掌握していたことも見逃せない。

極楽寺流北条氏も、北条氏内で大きな存在感を持つ一族であった。極楽寺流の祖である重時は寛喜二年（一二三〇）から六波羅探題に在任しており、三浦氏が滅亡した宝治合戦の後の宝治元年（一二四七）七月には連署として鎌倉に戻っている。彼を連署として六波羅から鎌倉によびもどそうとする動きは以前からあった。
『吾妻鏡』寛元四年（一二四六）九月一日条には、重時を連署として鎌倉に迎えたいと執権の時頼が熱望している記事が登場する。ところが、彼の願いは三浦泰村《やすむら》の反対を受けて叶うことはなかった。執権の要望する人事が一蹴されるのだから、時頼の影響力の低さがうかがいしれよう。結局、宝治合戦で三浦氏が滅亡した後の宝治元年七月になって、二一歳の執権であった時頼は、当時すでに五〇歳となっていた重時をようやく連署に迎えることができたのである。このことに象徴されるように、時頼の政治的立場は不安定なものであった。

その不安定さは彼の官途からも読みとれる。一般に執権や連署は相模守か武蔵守のどちらかに就任するものであった。実際に時頼も建長元年（一二四九）に左近将監から相模守へと昇進している。ただし、それは執権就任から三年も後のことで、歴代の執権や連署の中でもきわめて遅い。相模守と武蔵守は鎌倉幕府にとっては特別な官途であった。執権・連署の別名として相模守と武蔵守を指す「両国司」という語が用いられていたほどである。しかし、時頼は寛元四年三月に左近将監という官途のまま執権となる。重時が連署に就任する宝治元年七月までは、執権が左近将監で連署はいないという異常事態だったのである。ちなみに時頼が執権に就任した際の武蔵守は、北条時房の子の大仏朝直《おさらぎともなお》であった。朝直は、いわゆる鎌倉大仏の近くに住んでいたので大仏を名乗るようになった一族である。彼らの大仏近くの邸宅も別荘的な要素を持っていたのであろう。

話を時頼と重時の関係に戻そう。六波羅から鎌倉に戻った重時の邸宅が、前の執権であった泰時・経時と継承されたものであり、この邸宅に「評定所」と「小侍所」が造られたのは前述の通りである。重時は六波羅探題在任時にすでに相模守となっていたことも合わせて考えると、重時こそが北条氏の正統な後継者として意識されていたとすらいえるだろう。また、重時と交代で六波羅探題となったのは重時の子の長時であり、長時が鎌倉に戻って時頼の次の執権に就任すると、次の六波羅探題となったのは長時の弟の時茂であった。つまり、一定の期間は執権と六波羅探題という幕府の要職を重時の子供が独占していたことになる。

これだけの重要な政治的立場にあった重時とその子孫たちも、結局は本宗家である得宗を排除するまでにはいたらなかった。その要因はさまざま挙げられよう。「鎌倉の御家人」の章で指摘してきたような一族内分業の一種が、北条氏の中にもあったのかもしれない。しかし、時頼の執権就任時の武蔵守は大仏朝直であり相模守は北条重時であったのに対して、時頼が宝戒寺小町亭とともに執権職を放棄する四ヵ月も前に、次期執権の長時がすでに武蔵守となっていたことは特筆すべきであろう。『吾妻鏡』は時頼の嫡流である時宗・貞時政権下で編纂されたものであるから、時頼を正統とする歴史観に貫かれているとにも留意しなければなるまい。執権を時頼から譲られた長時が時頼の傀儡《かいらい》であり、時頼の嫡男の時宗が成長するまでの「つなぎ」であったとするこれまでの評価も、一考の余地があるのではないだろうか。いずれにせよ、極楽寺流北条氏が幕府の中で要職を占め続けたことは動かない事実である。

金沢一族

極楽寺は鎌倉の南西部にあったが、鎌倉の北東には金沢氏の別荘があった。鶴岡八幡宮の南を東西に走る道に沿って東に向かい、大慈寺を過ぎてしばらく進むと、朝夷奈《あさひな》の切通とよばれる峠道がある。現在も鎌倉市十二所《じゅうにそ》と横浜市金沢区朝比奈の境界をまたぐこの道は、中世も相模国鎌倉と武蔵国六浦《むつら》とを結ぶ、国境を越える重要な道であった。朝夷奈の切通の東には、鎌倉幕府の外港として重要な位置を占める六浦がある。鎌倉で行われていた四角四境祭《しかくしきょうさい》とよばれる儀式では、鎌倉の東西南北の境界で鎌倉内部を清める儀礼が行われており、六浦はその東の境界として登場する。六浦は鎌倉の東の境界だったのである。

ここに別荘を構えたのが、北条義時の子の実泰《さねやす》を祖とする北条氏一族の金沢氏だ。実泰は病気のために文暦元年（一二三四）に職を辞して引退し、その後は弘長三年（一二六三）九月二十六日に没するまで全く記録がない。実泰の跡を継いだのは息子の実時であった。彼は父の職であった小侍所別当を若くして継承し、幕府の中枢で活躍した人物である。実泰から実時の時期に、この一族は金沢に別荘を持つようになったのであろう。兄の重時が構えていた極楽寺亭が『吾妻鏡』に初めて登場するのが弘長元年であり、後述する弟の政村が持っていた常盤《ときわ》亭の初出は弘長三年なので、遅くともこの時期までには、金沢一族の別荘が六浦に造営されていたのであろう。ちなみに金沢実時は建治二年（一二七六）に六浦の別業《べつぎょう》で没している。

鎌倉と六浦とを結ぶ朝夷奈の切通は、和田義盛の三男の朝夷奈三郎義秀が一夜で切り開いたという伝承を持つが、実際にはそれまでの細い峠道を鎌倉幕府が整備して成立したようである。『吾妻鏡』仁治元年（一二四〇）十一月三十日条には、鎌倉と六浦の津をむすぶ道を整備することが決められ、その日のうちに御家人への工事負担の配分が決められたとある。工事は翌年の四月五日から始まった。『吾妻鏡』では、遅々として進まない工事を見かねた北条泰時が、自ら馬で土石を運び周囲を鼓舞したことが記されている。

この切通は、鎌倉と外港の六浦とを結ぶ重要な交通路であり、数少ない鎌倉への陸路の入り口であった。金沢氏は、鎌倉の外港である六浦という要地に拠点を構えることで鎌倉の境界をおさえ、外港六浦を掌握するという役割を担ったのであろう。金沢氏が六浦の江戸湾（現在の東京湾）をはさんだ対岸に当たる房総半島に所領を得ていることも、江戸湾の海上交通を金沢氏が掌握していたことを示している。

金沢氏の幕府内の地位は、当初はそれほど高いものではなかったが、鎌倉時代末期には執権を輩出するなどの躍進を遂げる。西国・鎮西にも多くの所領を獲得し、一族の中には現地に土着して、鎮西探題や周防・長門守護（後に長門探題ともよばれる）に就任する者も現れるなど、西国で大きな存在感を示すようになる。その背後には、六浦を拠点とするという彼らの海上交通との関わりがおそらくあったのであろう。金沢氏は、鎌倉の外港の六浦を掌握するとともに、西国・鎮西にも大きな影響力を持つような、鎌倉時代後期の北条一族における重要な存在だったのである。

政村流北条氏

金沢氏が鎌倉内に邸宅を持ちながら鎌倉の外縁部に当たる六浦に拠点を持っていたように、政村流北条氏も、先述した甘縄に邸宅を持ちながら常盤にも別荘を持っていた。現在の鎌倉市常盤の一帯には、北条政村常盤亭跡という伝承を持つ空き地がある。ここは一九七七年に発掘調査が行われ、東西五間、南北二間以上の礎石建物が検出された。この遺跡は、伝承の通り北条政村の屋敷跡だと認定されている。

政村は名越朝時や極楽寺重時、金沢実時らの弟に当たる人物である。政村は若い北条時宗を連署に従えて執権に就任し、時宗が成長すると、今度は彼を執権として自らは連署となり、幕政運営を支えた。政村の存在がなければ、時頼から時宗への得宗の継承も、時宗の自立もすんなりとは進まなかったはずだ。政村こそ、鎌倉幕府中期の長老的存在と評価できよう。

政村の別荘があった常盤は現在でも鎌倉市内だが、鶴岡八幡宮や歴代の将軍御所、若宮大路などからはやや離れており、幕府に出仕するには不便な場所だ。おそらく政村とその子孫たちは、甘縄など御所近くに邸宅を持ちながら、常盤に別荘も持っていたのであろう。『吾妻鏡』文永三年（一二六六）七月三日条には、政村流北条氏の祖である北条政村の小町亭が「執権亭」と記されている一方で、『吾妻鏡』弘長三年（一二六三）二月八日条には、政村の「常盤御亭」で和歌会が行われたとあることからも、政村が小町に執権亭を持ちながら常盤に別荘を構えていたことは明らかである。

なぜ政村が常盤の地を選んだのかは分からない。あるいは、御所や得宗の邸宅からは離れた場所に別荘を構えることで、将軍や得宗と一定の距離を保つといったねらいがあったのかもしれない。しかし、彼のように鎌倉郊外に別荘を構えられた御家人は、鎌倉に常住する一部の有力御家人に限られていた。中小規模の御家人にとって、鎌倉に本宅と別荘の二つを維持するのは現実的に困難だったであろう。鎌倉に定住して財力のある一族のみが、鎌倉郊外に別荘を造営できたのだ。その結果、北条氏は鎌倉の外縁部を掌握することになったのである。

北条時頼の別荘

鎌倉の北西部に当たる山内《やまのうち》には、最明寺亭《さいみょうじてい》とよばれる北条時頼の別荘があった。『吾妻鏡』には、建長八年（一二五六）七月十七日条に初めて登場する。ここでは将軍を招いての蹴鞠《けまり》や相撲《すまい》、競馬《くらべうま》などが行われているので、比較的規模の大きな別荘だったようだ。執権職などを長時に譲った翌日の康元元年（一二五六）十一月二十三日に、時頼はここで出家を遂げている。出家してからの時頼は特にここにいることが多かった。最明寺亭は彼の持仏堂的寺院である最明寺を伴った別荘だったのであろう。重時にとっての極楽寺と同じような存在が、時頼にとっての最明寺ということになる。時頼は、三七歳となった弘長三年（一二六三）十一月二十二日にここで臨終の時を迎えた。

時頼の死後に最明寺は、息子の時宗が開基となって建立した禅興寺《ぜんこうじ》の一部となった。鎌倉に常住する北条氏一族の中には、子が親の持仏堂的な信仰空間を寺院として整備する風潮があったのであろう。禅興寺の開山は宋から亡命してきた蘭渓道隆《らんけいどうりゅう》である。その後も最明寺は禅興寺の一部として存続したようで、建武年間（一三三四〜三六）に作成された「円覚寺境内絵図」には最明寺の名が記されている（一四三ページ参照）。少なくとも南北朝期までは、最明寺の名前が残っていたのである。後に禅興寺は廃寺となってしまうが、禅興寺の一部であった明月院は現在も残っているので、明月院とその周辺が、最明寺を含んだ禅興寺の寺域であったことが容易に想定できよう。ちょうど現在の円覚寺と建長寺の間の一帯である。この他にも、最明寺のあった山内には多くの寺院が建立されていた。そこで次章では、現在もそうであるように、鎌倉にはなぜ寺院が多いのかを考えてみよう。

鎌倉にお寺が多い理由

持仏堂的寺院

義時の「当時館」をさがせ

現在でも鎌倉に寺院は多い。今では廃寺となってしまった寺もあるから、それらを含めると、最盛期の鎌倉は寺だらけだったことになる。「鎌倉の御家人」の章で見たように、鎌倉に常住する御家人は多くなかった。それなのに鎌倉に寺が多いのは、いわゆる鎌倉新仏教が鎌倉に住む人々を布教対象としたからであろう。しかし、それだけでは説明できない部分もある。この章では、鎌倉の寺院を三つに分類してその成立を確認し、鎌倉に寺院が多い理由を明らかにしていく。その分類とは、①持仏堂的寺院から発展した寺、②鎌倉の境界に置かれた寺、③鎮魂のための寺、の三つである。以下ではこの分類に沿ってそれぞれの寺のなりたちを見ていくことにしよう。

前章では、北条一族が持仏堂的な寺院を別荘内に造営し、それが後に寺院として整備される姿を見てきた。重時の建立した極楽寺や時頼の造営した最明寺などである。彼らの父である北条義時も大倉薬師堂を作らせており、これが義時の持仏堂的寺院であった。彼が大倉と小町に邸宅を持っていたことは前章で触れた通りだ。しかし、前章では触れなかったが、彼は晩年に「当時館」とよばれる別荘も持っていたようである。ただし『吾妻鏡』に登場するのはたったの二回。その存在もその位置も、今までまったく関心を集めることはなかった。そこで、この義時の「当時館」の位置を明らかにするという、これまで誰も挑んだことのない難問に挑戦してみることにしよう。

『吾妻鏡』に登場する「当時館」の一度目は、以下に掲げた承久三年（一二二一）十一月三日条である。

右京兆（義時）の室、産気あり。しかるに聊《いささ》か憚《はばか》りあるに依り、日来《ひごろ》の居所を改むべきの由、陰陽道示し合わすの処、権助国道朝臣以下五人、一同に相い議して云わく、三条局《さんじょうのつぼね》の宅宜《よろ》しきなり。件の所は、当時住所より東方、大倉亭より乾《いぬい》の方なり。当所は武州（泰時）に譲る所なり。大倉亭は本所《ほんじょ》なり。仍《よ》って去る晦日《みそか》、彼の所に一宿しおわんぬ。しからば、四十五日以前に是より産所に移さしむ。其の憚り無きの由と云々。

ここでは、義時の妻が出産する場所（産所）が問題となっている。方角が悪いというので義時の妻は移動した方が良いと陰陽師たちがいうのだ。相談の結果、産所に入る前に三条局の宅へ方違《かたたがえ》をした方が良いということになった。三条局の宅は義時の「当時住所」から見て東に当たり、義時の大倉亭からは北西（乾）の方角に当たるという。義時が実際に住んでいた「当時住所」はすでに泰時に譲っていたので、義時は方違の基準となる本所を大倉亭に決めていたから、「当時住所」の東にある三条局の宅に方違すれば問題はないということらしい。陰陽道の方角についてはよく分からないが、とにかく義時の「当時住所」の東側に三条局の宅があったことは明らかだ。この三条局の宅の場所が分かれば、義時の「当時住所」の位置も分かるかもしれない。急がば回れ。まずは三条局宅の位置を明らかにしよう。

「三条局宅」をさがせ

『吾妻鏡』承久元年（一二一九）一月四日条には、三条局の宅が備中《びっちゅう》阿闍《あじゃ》梨《り》という人物の屋地の跡地をあてがわれたものであったことが記されている。備中阿闍梨は、源実朝を暗殺した公暁《くぎょう》の後見人だったので、将軍殺害の責任をとることになった。この時に没収された彼の屋地が三条局に与えられたのである。三条局の宅の位置を知るためには、備中阿闍梨の屋地の位置を知ればいいというところまではたどり着いた。さらに遠回りになるが、次に備中阿闍梨の屋地の位置を探ることにしよう。

備中阿闍梨は公暁の後見人であった。源実朝の暗殺に成功した公暁は、血の滴る実朝の首を抱えながら、自分の後見人であるその備中阿闍梨の邸宅へと逃げ込む。その様子を記した『吾妻鏡』承久元年正月二十七日条には、「後見備中阿闍梨雪下北谷宅《ゆきのしたきたがやつ》」とある。備中阿闍梨の邸宅は雪下北谷にあったのである。ここで三浦義村《よしむら》からの使者を待っていた公暁は、待ちきれずに「鶴岳《つるがおか》後面之峰」を登って西御門《にしみかど》にある三浦義村の邸宅に向かおうとしたという。

備中阿闍梨の邸宅があった「雪下北谷」は、鶴岡八幡宮供僧二十五坊のあった一帯であり、鶴岡八幡宮の北西部に当たる。現在では御谷《おやつ》ともよばれる、雪下という地名発祥の地である。ここから大倉御所の西側にあった西御門にある三浦義村亭へ行くには、鶴岡の後ろの山を登らなければならない。『吾妻鏡』の記述は矛盾なく読める。これで間違いない。備中阿闍梨の邸宅は、鶴岡八幡宮の北西に当たる雪下北谷にあったと断言できる。備中阿闍梨の処分後、この地が三条局に与えられたのである。

遠回りはしたが、これで難問はほとんど解けたようなものだ。義時の「当時住所」は、備中阿闍梨の雪下北谷の屋地を与えられた三条局の宅の西側にあったのである。厳密な位置は特定しがたいが、これまでの推理が正しければ、義時の「当時住所」は現在の建長寺から円覚寺にかけての一帯ではないかと想定できるだろう。しかし、これ以上の特定はまだ難しい。

そこで、『吾妻鏡』で二度目に義時のこの邸宅が登場する『吾妻鏡』貞応二年（一二二三）正月二十五日条に最後の望みを託すとしよう。ここでは、義時の大倉亭を西側に拡張するかどうかが議論されている。このことに関連して、『吾妻鏡』では以下のようにある。

> 西大路を若君（三寅）の御方の壺に入れらるべきや否やの事、重ねて其の沙汰あり。陰陽師等召しに応じ、奥州（義時）の中門廊に参会す。（中略）又件《くだん》の西方の奥州当時館は、承久二年十二月に武州（泰時）に譲り渡されおわんぬ。武州は在京なり。仍って京より大将軍の方に相当す。本主に相触れざるといえども、寄宿方の人の忌たらば、彼の計いとして犯土造作、憚るべきや否や、卜筮《ぼくぜい》あり。同じく以って不快と云々。

ここでも陰陽道に関する方角の吉凶は読みとりにくいが、中略の後に注目すると、義時の「当時館」は、「件」の、つまり三寅のいる義時大倉亭の西方にあり、すでに承久二年の段階で泰時に譲られていることが分かる。前掲の史料でも義時から泰時へと譲与されているこの邸宅は、「当時住所」と「当時館」という表現の違いはあれど、同一のものと考えていいだろう。この邸宅が義時大倉亭から見て西方に当たるという『吾妻鏡』の記述は、先ほど想定した、義時「当時住所」が山内の建長寺から円覚寺にかけた一帯にあることとも矛盾しない。『吾妻鏡』に二回しか登場しない邸宅ではあるが、その推定地はこれではほぼ確定できたことになろう。しかし、それでも厳密な位置の特定はまだ難しい。残されたヒントは、この邸宅が泰時に譲られたということのみとなった。果たしてこの難問は解決できるのか。

泰時の巨福礼別居

それでは泰時の邸宅をもう一度検討してみよう。彼が小町に邸宅を持っていたことは先に示した通りだが、実は山内《やまのうち》にも邸宅を持っていた。泰時の山内における別荘の記述は『吾妻鏡』に一度しか登場せず、関連する史料もないのでこれまで注目されてこなかった。今まで日の目を見てこなかった彼の別荘について、ここで光を当ててみよう。『吾妻鏡』仁治二年（一二四一）十二月三十日条には以下のようにある。

前武州（泰時）、右幕下（頼朝）・右京兆（義時）等の法華堂に参り給ふ。又獄囚《ごくしゅう》及び乞食《こつじき》の輩《ともがら》に施行《せぎょう》等あり。三津藤二奉行となす。その後山内の巨福礼別居に渡り御ふ。秉燭《へいしょく》以前に還《かえ》らしめ給ふと云々。

ここで泰時は、源頼朝や北条義時の法華堂に参詣した後、獄囚や乞食に施しを与え、その後に山内の巨福礼別居に移動したという。これが泰時の山内における別荘に関する唯一の史料だ。巨福礼といえば、後に泰時の孫の時頼によって建立された建長寺の「巨福山《こふくさん》」という山号とほぼ同一である。したがって、泰時の巨福礼別居は、巨福山という山号を持

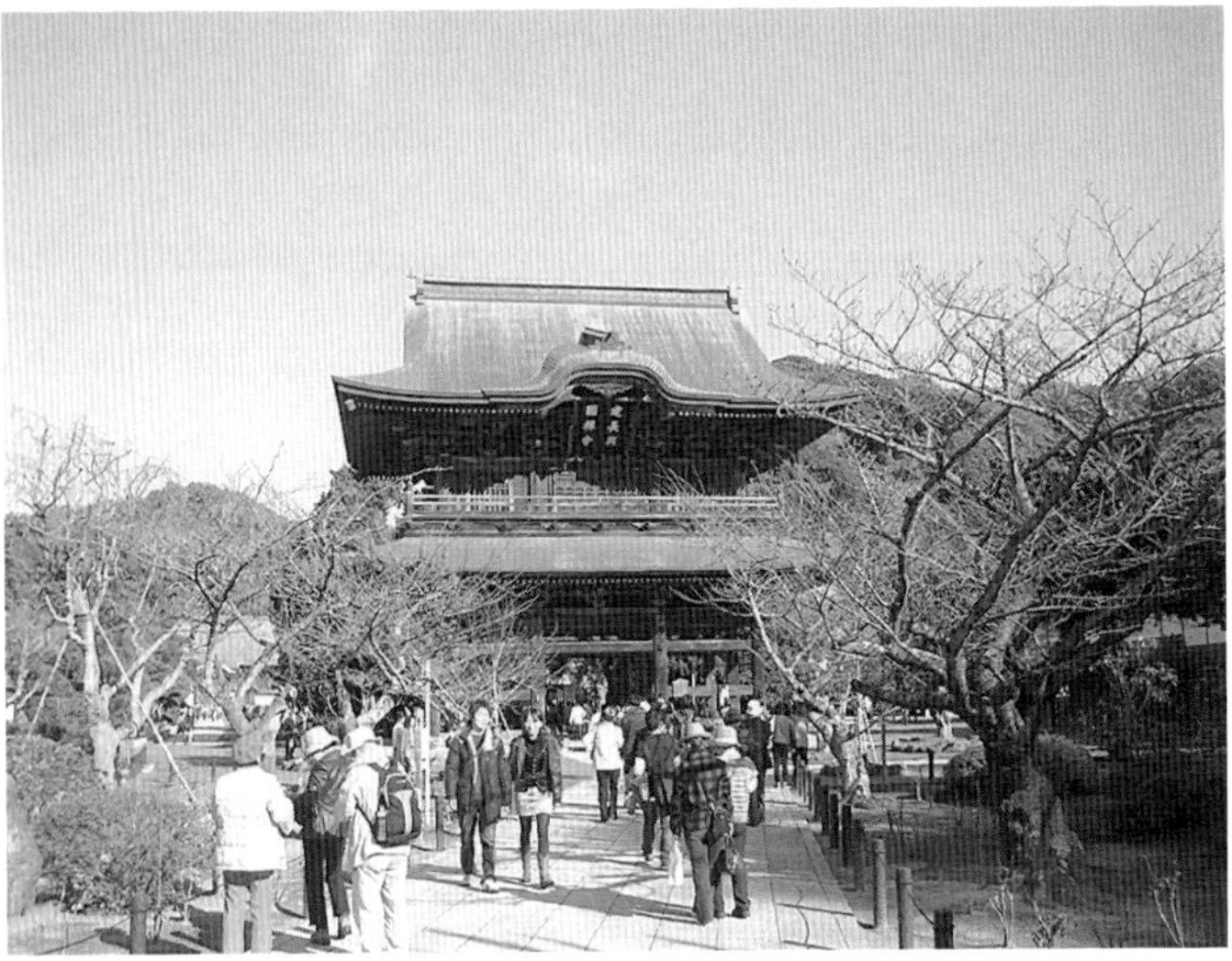

現在の建長寺

つ建長寺とほぼ同じ場所にあったと考えてもいいだろう。

　建長寺の位置は、先ほどの義時「当時住所」のありかと想定した建長寺から円覚寺にかけての一帯という地域と矛盾しない。義時の「当時住所」あるいは「当時館」が泰時の「巨福礼別居」となり、後に時頼がここに建長寺を建立したと考えれば、問題はすべて解決する。

　これでようやく難問はすべて解けた。義時の「当時館」は後に建長寺となる地域にあったのである。多少こみいった話になるが、文章で説明するならば、備中阿闍梨の雪下北谷にあった屋地を継承した三条局の宅から見て西側にあった義時「当時館」の位置は、鶴岡八幡宮北西部から見て西側に当たる建長寺や円覚寺のある山内一帯だと想定できる。義時「当時館」が山内にあったとすると、義時の別荘を泰時が継承したのが「巨福礼別居」であり、それをさらに継承した時頼がそこに建長寺を建立したと考えられるのである。これを簡略に示すと次のようになる。

①義時「当時館」の東＝三条局宅＝備中阿闍梨雪下北谷屋地＝鶴岡八幡宮の北西部
つまり、義時の「当時館」＝鶴岡八幡宮北西部から見て西側＝山内の一帯
②義時「当時館」＝泰時「巨福礼別居」＝巨福山建長寺
つまり、義時の別荘＝泰時の別荘＝建長寺
①と②は矛盾しない＝義時「当時館」の位置＝後の建長寺

難問なだけに遠回りを重ね、パズルのように複雑な議論も交えてしまったかもしれないが、簡潔に説明すれば以上のような推定となる。この推定はおおむね間違っていないと自負している。もちろんこれが唯一無二の結論ではないし、他の可能性も完全には排除できない。読者にはどのように感じられるだろうか。

筆者の結論が間違っていなければ、建長寺を建立させた時頼は、祖父や曾祖父の別荘があった場所に建長寺を建立し、自分は隣の谷に最明寺亭を建てたことになる。時頼のこの行為と同様に、時頼の子の時宗は、父の別荘に建てられた最明寺を禅興寺として整備した

と考えられる。ここに、父の別荘跡に寺院を建立するという北条氏のあり方を見てとることができる。このあり方を、山内における他の寺院にも当てはめてみよう。

寺院のできるまで

北条時宗も、小町の邸宅の他に山内に別荘を持っていたことが『吾妻鏡』正嘉元年（一二五七）六月二十三日条などから分かる。父時頼の別荘である最明寺亭の跡地に禅興寺を建てた時宗は、弘安七年（一二八四）に山内で三十四年の太く短い人生を終える。山内には、時宗の妻である覚山尼とその子の貞時が建立したという寺伝を持つ東慶寺《とうけいじ》が現在でも静かにたたずんでいる。かつては尼寺であり、江戸時代には、既婚の女性がここで修行を積めば離婚できるという、いわゆる縁切寺や駆込寺としても知られる寺院だ。すでに示したような、父の別荘跡に妻や子が寺院を建立するという北条氏のあり方を適用すると、この東慶寺も、時宗の山内における別荘跡地に彼の妻子が時宗を供養するために建立した寺院だと想定できる。

その東慶寺にほど近い浄智寺《じょうちじ》は、室町時代には鎌倉五山に数えられた名刹だ。現在も北鎌倉駅から近いこともあって観光客でにぎわう寺のひとつである。この浄智寺の開基は、北条宗政《むねまさ》と師時《もろとき》の親子だ。宗政は北条時頼の子。寺伝などによれば、師時とその妻が、宗政の死後、その菩提を弔うために建てた寺だという。宗政が山内に別荘を持っていたかどうかは確認できないが、浄智寺は最明寺と道をはさんだ向かい側という立地にあるから、

現在の浄智寺

ここに息子の宗政が別荘を持っていたとしても不思議ではあるまい。ここにも先ほどの法則を適用とすると、宗政の別荘跡地にその妻子によって彼を供養する寺院が建立されたと考えられるだろう。

しかし、山内といっても広い場所ではない。貞時や高時という、最後の二人の得宗を子孫が供養する寺院は鎌倉や山内には見られないのも、現実的な問題として空いている場所がなかったからだと考えられる。しかし十三世紀の終わり頃までは、親の別荘跡に妻子が寺院を建立するという慣習があったと考えるのは許されるであろう。義時・泰時の別荘跡地に時頼が建長寺を造営し、時頼の別荘跡地には時宗が禅興寺を建て、時宗の別荘跡地には妻子が東慶寺を建立し、宗政の別荘跡地には妻子が浄智寺を開いているように、鎌倉常住の有力御家人が死去すると、その邸宅や別荘の跡地に元の亭主の菩提を弔う寺院が作られたとすれば、世代交代が進むごとに鎌倉には寺院が増えていったはずだ。鎌倉に多くの寺院が建立された要因のひとつには、こうした慣習の存在があったのであろう。

境界の寺院

北西の境界、円覚寺

山内は鎌倉の北西の入口であり、先述の朝夷奈の切通と同様に、鎌倉に入るための数少ない陸路のひとつであった。元仁元年（一二二四）に行われた鎌倉の内部を清める儀式である四角四境祭《しかくしきょうさい》では、鎌倉の四つの境界として、「東六浦、南小壺、西稲村、北山内」が挙げられていることから、山内が鎌倉の境界地帯であったことが分かる。

山内と鎌倉の中心部をつなぐ巨福呂《こぶくろ》の切通は、仁治元年（一二四〇）と建長二年（一二五〇）の二度にわたって整備されている。山内に寺院が相次いで建立されたのだから、なおのことこの道は重要性を増していった。元弘三年（一三三三）の新田義貞による鎌倉攻めの折には、巨福呂坂が幕府方の重要な防衛線となっており、永享十年（一四三八）に起

現在の円覚寺

きた永享の乱でも山内が鎌倉の入り口として戦場となっている。狭義の鎌倉は巨福呂の切通が境界だったのであろう。しかし、前述のように巨福呂坂の北西に当たる山内には多くの寺院や北条氏の別荘が建てられていたから、広い意味では鎌倉の中と理解してさしつかえあるまい。今のように境界線がはっきりしているわけではないから、現在の北鎌倉駅周辺までの山内は、鎌倉の境界地域というグレーゾーンだったと考えるべきであろう。

　鎌倉の北西の境界地域であった山内には、先述のように多くの寺院や別荘があった。しかし、その中で円覚寺だけは別格だ。円覚寺は、これまで見てきた山内の寺院のように誰かの別荘跡に建てられた寺ではない。ここは、いわゆる蒙古襲来による死者を弔うために北条時宗が建立した寺である。幕府が蒙古襲来という未曾有《みぞう》の危機を克服したことを象徴するかのように建立された、いわば鎮魂のための寺院なのである。今でもJR横須賀線と対面一車線ずつの車道しか通る幅のないこの一帯は、北西から鎌倉に入るためには必ず通らなければならない場所だ。ここから鎌倉に入る人々は、円覚寺の大伽藍を仰ぎ見たことであろう。円覚寺は、鎌倉北西部の境界の寺院であり、蒙古襲来の犠牲者を弔う鎮魂の寺院でもあり、西から鎌倉にやってきた人々に対して、鎌倉という都市や鎌倉幕府が持つ存在感を視覚的に示す、大きなモニュメントでもあったのである。このように鎌倉の境界に建てられた寺院を、境界の寺院とよぶことにしよう。

円覚寺は、北条時宗が宋から建長寺に招いていた無学祖元《むがくそげん》を開山に迎えて建立した寺院だ。円覚寺だけでなく、山内には建長寺や浄智寺などの臨済宗寺院が密集している。これらの寺院には、無学祖元や蘭渓道隆《らんけいどうりゆう》をはじめとする宋から亡命してきた高僧が多く渡来してきており、高僧の教えを乞うために、山内周辺には多くの人々が集まっていた。彼らは日本の言葉と宋の言葉を駆使して問答を繰り返していたようだ。山内は、当時の日本の言葉と宋の言葉が飛び交うバイリンガルの世界であり、鎌倉の中でも日中両国の人々が共存するもっとも国際的な地域だったのである。

その山内に建てられた円覚寺は、いわゆる蒙古襲来における、日元両軍の犠牲者を弔うために建てられた寺院であった。元軍といっても、その主体は元に征服された高麗や南宋の人々であったから、山内のような国際的な地域こそ、高麗や南宋の人々と幕府の命令で戦い命を落とした御家人との両者を供養する、円覚寺を建立するのにふさわしい場所だったのであろう。

また、円覚寺が日元両方の犠牲者を弔うことを目的としていたことには改めて注意を喚起しなければなるまい。当時の感覚では、たとえ元という外国との戦争であっても、敵味方の区別なく供養するのが一般的だったのである。戦争が終われば敵味方の区別なく弔うという姿勢こそが、伝統的な戦争犠牲者に対する供養の方法だったことは、何としても読者に記憶しておいてほしい。日本列島には、戦国時代の合戦をはじめとする有名な戦跡の地に、敵味方供養塔が多く建てられていることの意味も、現代では改めて問い直す必要がある。なお、こうした鎮魂の寺院についてはは次節で触れることにして、まずは他の境界に建てられた寺院を見ていこう。

南西の境界、極楽寺

鎌倉の北西の境界域が山内なら、南西の境界域は極楽寺周辺である。現在の極楽寺から長谷寺方面に下る道は極楽寺坂とよばれている。この坂は鎌倉の南西の入り口であった。極楽寺こそが鎌倉南西部の境界の寺院といえよう。鎌倉幕府滅亡時には、極楽寺坂を守った本間山城左衛門《ほんまやましろさえもん》が奮戦して新田方の大館宗氏《おおだてむねうじ》の鎌倉入りを防いでいることからも、この坂が鎌倉の防衛戦であったことは明らかだ。しかし、極楽寺坂から海側へ一山越えた稲村ヶ崎を通った新田軍は、鎌倉内部に入り込み鎌倉制圧に成功する。

『吾妻鏡』によれば、北条重時は弘長元年（一二六一）十一月三日に極楽寺別業で死去したという。しかし、寺伝では極楽寺の創建は文永四年（一二六七）とされている。おそらく極楽寺は当初、重時の持仏堂的な個人的信仰空間であり、文永四年になって正式な寺院として成立したのであろう。極楽寺坂が重時の別業や極楽寺の成立に伴って整備されたとすれば、極楽寺の切通ともよばれる極楽寺坂一帯は、十三世紀後半には鎌倉の南西の入り口として機能していたと考えられる。

極楽寺の開山に招かれた忍性《にんしょう》は、癩宿《らいしゅく》・薬湯室《やくとうのむろ》・坂下馬療屋《さかのしためりょうのおく》などを極楽寺境内に設営し、当時の仏教界では顧みられることのなかった、病人や非人たちの救済活動を行っていた。これが当時の律宗とよばれる宗派の特徴である。極楽寺坂の鎌倉側にある坂下とよばれる地域には、極楽寺によって救済され組織された非人や職人たちが集まっていた。忍性をはじめとする律宗の拠点が、鎌倉では極楽寺に置かれたのである。彼らが鎌倉の境界地帯である極楽寺一帯に住んでいたことは、彼らが、どこにも所属しないという無縁の

旧極楽寺境内から和賀江島方面をのぞむ

世界の住人であったことをよく示していよう。

　また、極楽寺は鎌倉の港ともいうべき和賀江島《わかえじま》の維持・管理も担っていた。今でも極楽寺坂の上からは、由比ヶ浜の東端にわずかに痕跡を残す和賀江島を見下ろすことができる。鎌倉の南東と南西という距離の離れた地域ではあるが、極楽寺は和賀江島を監督するのには絶好の位置だったのであろう。極楽寺は、和賀江島に入港する船から関料《せきりよう》とよばれる入港税を徴収していた。つまり、極楽寺こそが鎌倉の海運を掌握していたのである。

　近年になって、旧極楽寺境内に当たる仏法寺跡《ぶつぽうじあと》の調査が行われた。仏法寺跡は、現在の極楽寺から江ノ島電鉄と車道をはさんだ向かいの丘陵の頂上周辺である。このうち、五合桝《ごんごうます》遺跡と名付けられた遺跡の発掘調査によって、十三世紀後半から十四世紀前半以前に築かれた可能性のある土塁の存在が明らかとなった。他にも、板碑《いたび》や石塔類を積み上げた雛壇状遺構も確認されている。板碑や石塔は、基本的に死者を供養するものであるから、遺跡一帯は多くの死者を供養する場だったと評価できよう。また、五合桝遺跡からは、池の跡も検出されている。伝承によれば、この池跡は日蓮と忍性が雨乞いの祈りの効果を競い合った場所ともいわれている。案の定、池からは大量の木片に経典を記した柿経《こけらきょう》の一部が発見された。また、極楽寺の旧境内という立地の性格上当たり前のことではあるが、寺院建築に多く用いられる礎石建物なども検出されている。以上のことから、仏法寺跡は、極楽寺境内の宗教的な場であり、墓所や供養の場というような霊場であったと考えられる。

鎌倉は城塞的都市か？

従来の鎌倉のイメージは、四方八方に防衛施設が設けられているような城塞《じょうさい》的都市という要素が強かった。そうした面がまったくないとはいわない。しかし、先述の山内と同様に、極楽寺周辺も宗教的な要素の方が強い。もし鎌倉が、攻めにくくて守りやすい天然の要害だったならば、戦国時代に鎌倉にこもる大名がいなかったことには違和感を覚える。鎌倉時代においても、鎌倉を戦場とした和田合戦や宝治合戦、霜月騒動などは、いずれも鎌倉の市街戦であり、天然の要害という言葉にふさわしいような合戦は見られない。宝治合戦の折に三浦氏が切通や切岸で苦戦したという話も聞かない。鎌倉には陸路での入り口が少ないので、一点突破されれば逆に市街地を先に制圧されてしまうという危険性の方が高いだろう。鎌倉幕府は本来的に軍事政権ではあるが、だからといって鎌倉という都市が城塞的である必要はあるまい。

その意味で極楽寺周辺は、極楽寺が非人や職人を救済、組織する場所であり、同時に鎌倉の海運を掌握する場所でもあったのだから、むしろ経済的な側面を強調するべきであろう。また、仏法寺遺跡などは墓所や供養の場といった性格を持っていたから、宗教的な側面も持っていたことになる。山内が円覚寺や建長寺などの臨済宗寺院が建ち並ぶ宗教的な空間であると同時に国際的な地域であったのに対して、極楽寺周辺は、極楽寺を中心とした律宗の宗教的な空間であるとともに、非人や職人を動員しつつ海運を掌握するような、経済的な地域であったと評価できよう。鎌倉が城塞的な都市だという評価は、武士の都であるがゆえに作られたイメージでしかない。

北東の境界、大慈寺

大慈寺《だいじじ》は、三代将軍の源実朝によって建てられた寺院である。その厳密な位置は明らかではないが、今も残る明王院は大慈寺に隣接していたといわれているから、明王院の周辺に大慈寺があったのであろう。鎌倉の北東の境界は、先述のように朝夷奈の切通であった。しかし、その切通から鎌倉に入ったとしても、現在でも滑川《なめりかわ》の流路とそれに平行する対面一車線ずつの車道しかないから、その道沿いに大きな建物や空間はなかったはずだ。そうすると、朝夷奈から鎌倉に入って最初に目にする大きな寺院は大慈寺ということになる。

大慈寺は、『吾妻鏡』建保二年（一二一四）七月一日条に「新御堂《しんみどう》」と記されている。『吾妻鏡』で「御堂《みどう》」といえば、源頼朝が父の義朝を祀った勝長寿院《しょうちょうじゅいん》のことを指す。したがって「新御堂」という大慈寺の呼称は、実朝が勝長寿院を意識して建てた、将軍の寺であることを示すためのよび名であったといえよう。それを証明するかのように、『吾妻鏡』建保二年七月二十七日条では、勝長寿院や、将軍の氏寺ともいうべき永福寺《ようふくじ》と並ぶ寺格を大慈寺は有していた。大慈寺は実朝が住んだ大倉御所からやや離れていたので、実朝にとっては別荘的な要素もあった。『吾妻鏡』貞永元年（一二三二）十月二十二日条は、この大慈寺に隣接するように四代将軍の九条頼経が御願寺として明王院を建立したことを記している。鎌倉市街地の北東部に当たるこの地域は、三代・四代将軍にとっての別荘的な要素を持つ寺院が建てられるのにふさわしい場所だったのであろう。この時点では、鎌倉の北東部は将軍の別荘と寺院が置かれる地域だったことになる。

しかし、特に実朝の死後は北条氏による大慈寺への介入が目につくようになる。『吾妻鏡』によると、嘉禄二年（一二二六）六月十三日に義時を供養するための釈迦堂が大慈寺内に造営されたとある。さらに同年の七月十一日には、同じく大慈寺境内に北条時房が指揮して三重塔が建立される。嘉禄三年になると、閏三月二十九日には北条政子の供養のため大慈寺内に新たな伽藍を建立することが決められ、同年四月には、北条泰時の発願によって北条政子の三年忌のために大慈寺内に丈六堂が建立されている。嘉禎三年（一二三七）六月十一日には、政子の追善のために大慈寺で一切経供養も行われた。また、寛喜二年（一二三〇）六月十八日条では、泰時の子で二八歳で早世した時氏が大慈寺のかたわらの山麓に葬《ほうむ》られたという。ここにはもはや、将軍の寺院兼別荘という面影は見られない。むしろ、まるで北条氏の氏寺であるかのような印象さえ受けるだろう。

こうして大慈寺は、創建当初に実朝が期待したような将軍の寺院兼別荘という性格をいつしか失っていった。そして、気が付けば北条氏の手になる伽藍が建ち並ぶ寺院となっていったのである。結果的に北条氏は、鎌倉市街地の実質的な北東端に当たる大慈寺を掌握することとなった。先述のように、鎌倉の北西端には円覚寺、南西端には極楽寺が境界の寺院として機能しており、それぞれ北条氏によって掌握されていた。したがって、北東端の大慈寺に北条氏が介入していったのも偶然ではあるまい。北条一族は、境界の寺院を掌握することで、鎌倉の輪郭を把握する存在となっていったのである。

南東の境界、名越

円覚寺が北西、極楽寺が南西、大慈寺が北東の鎌倉における境界の寺院だったとすると、南東の境界にも北条氏が掌握するような寺院があったと考えるのが一般的であろう。しかし、鎌倉の南東に当たる名越《なごえ》の一帯に北条氏が建立した寺院は見られない。名越には、北条時政の邸宅があり、彼の死後には孫の名越朝時とその子孫がその邸宅を継承していたから、鎌倉の南東の入り口に寺院はなくとも、北条氏の邸宅が置かれ、境界の寺院と同様の機能を果たしていたのであろう。

『吾妻鏡』天福元年（一二三三）八月十八日条には、鎌倉の前浜で殺害された遺体が発見されたとある。その犯人を捜すために、今でいう交通規制の措置がとられ、名越坂をはじめとする道々が封鎖された。名越坂は、鎌倉から脱出する際に通らなければならない道のひとつだったのである。名越には現在も名越の切通とよばれる峠道があるので、『吾妻鏡』に登場する名越坂はこの名越の切通を指すと考えていいだろう。

名越の切通には、名越の大切岸《おおきりぎし》とよばれる岩肌がむき出しになった大きな崖がある。現在の法性寺《ほっしょうじ》付近から見上げた大切岸の眺めは実に壮観だ。鎌倉からここを越えた南東の三浦半島には、三浦氏が拠点を構えていたので、この大切岸は三浦氏を恐れた北条氏によって造成された防御施設だという伝承が残っている。確かに大切岸は人工的に作られたもののようだ。しかし近年の研究では、この切岸は建築資材としての石を切り出した石切場だという説が強まっている。鎌倉各所の切通に通路をふさぐように置かれた置石《おきいし》とよばれる石が、敵方の侵入を防ぐために置かれたものだという説も、関東大震災による崖の崩落によって落ちてきた石がたまたまそこにあるだけで、鎌倉時代に置かれた軍事目的のものではないとする見解がある。実際に三浦氏と北条氏が戦った宝治合戦でも、戦場となったのは鎌倉の市街地だ。少なくとも記録の上では、名越の切通や大切岸などで戦闘が行われた形跡はないから、近年の研究には耳を傾けるべきであろう。

名越に境界の寺院とよべるような寺はないが、名越の切通近くには、岩肌を掘り込んだやぐらが整然と並び、五輪塔をはじめとする多くの石造物が安置された、まんだら堂やぐら群がある。やぐらも五輪塔の数も、現在の鎌倉では飛び抜けて多い場所である。こうした宗教的な性格は、今まで見てきたような境界地域と同様であろう。その意味でも、名越は鎌倉の南東の境界地域であったといえる。

鎌倉のモニュメント、大仏

鎌倉といえばまっさきに大仏を想起する人も多い。『吾妻鏡』によれば、暦仁元年（一二三八）三月二十三日に僧の浄光《じょうこう》が大仏の造営に着手したという。浄光が全国で資金援助を募って造営されたこの大仏は「新大仏」とよばれていた。奈良東大寺の大仏と区別するためであろう。

この大仏は今でも多くの謎に包まれている。『吾妻鏡』仁治二年（一二四一）三月二十七

19世紀に撮影された大仏（F. ベアト撮影，横浜開港資料館所蔵）

日条には、深沢大仏殿が上棟されたとある。鎌倉時代の紀行文『東関紀行《とうかんきこう》』の作者は、着工の翌年に当たる仁治三年八月下旬に鎌倉に滞在した折、造営中の大仏を見に行っている。その時の記述によれば、一年半ほどの期間で工事の三分の二程度が進んでいたらしい。その時の大仏は木造であったという。紀行文の記述をそのまま信用するのには慎重さが必要だが、『東関紀行』にしたがえば、当初の鎌倉大仏は木造だったことになる。『吾妻鏡』には、この木造大仏が阿弥陀仏《あみだぶつ》であり寛元元年（一二四三）六月十六日に完成したと書かれている。

しかし、それから九年後のことを記す『吾妻鏡』建長四年（一二五二）八月十七日条には、深沢で金銅の釈迦如来像《しやかにょらい》が鋳造《ちゅうぞう》され始めたとある。鎌倉大仏は木製から金銅製へ、そして阿弥陀仏から釈迦如来へと変わったことになる。なぜこのような変化があったのかを『吾妻鏡』は語ってくれない。もちろん関連する史料もない。ただ、事実として鎌倉大仏が改めて作り直されたことは認めなければなるまい。

金銅製の大仏には、木造と違ってかなりの時間と費用がかかったようだ。造営が始まった建長四年から七七年後の元徳元年（一三二九）に書かれたとおぼしき金沢貞顕の書状には、大仏造営資金を得るために中国の元に船を送る予定があったと記されている。木造の大仏が二年ほどで完成したのに比べると、金銅製の大仏の造営には相当の時間と資金が必要だったことが分かる。

南北朝時代を描いた軍記物語である『太平記』にも、鎌倉大仏に関する記述が見られる。鎌倉幕府滅亡後、一度は足利直義《あしかがただよし》によって支配された鎌倉を、北条高時の遺児の北条時行が奪還する。これが建武二年（一三三五）に起きた中先代《なかせんだい》の乱である。時行の軍隊は折からの台風を避けるため、大仏殿に逃げ込んだ。しかし大仏殿は台風に耐えきれずに倒壊してしまう。その際に時行軍のほとんどが圧死したという。以上のような『太平記』の記述を信じるならば、鎌倉幕府滅亡までには大仏および大仏殿は完成していたことになる。大仏造営資金が足りないと書かれた金沢貞顕の書状は元徳元年のものだったから、それから数年以内に大仏も大仏殿も完成していたとはにわかに断定しがたいが、現存する鎌倉大仏は完成品と考えられるから、鎌倉幕府が滅亡する元弘三年（一三三三）までには現在の大仏が完成していたと考えるほかあるまい。

鎌倉大仏は前述のように「新大仏」とよばれていた。東大寺にある大仏に対抗しての呼称だとすれば、鎌倉幕府が畿内周辺の文化に対して独自のものを追求しようとしている姿勢がうかがわれよう。鎌倉を象徴するような大仏が鎌倉の西側の周縁部に当たる深沢に造営されたのも偶然ではあるまい。確かに深沢は鎌倉の入り口としては不便な地ではある。しかし、先述の五合桝遺跡からは大仏の偉容を見ることができるし、今ほど高層の住宅や樹木の多くなかった鎌倉時代ならば、鎌倉に入る峠道からは大仏殿が見えたのではないだろうか。鎌倉に西から入る人々は、巨大な大仏殿を見て鎌倉幕府の力を目の当たりにしたはずだ。鎌倉大仏と大仏殿は、西国から鎌倉にやってくる人々に都市鎌倉と鎌倉幕府の存在をアピールする巨大なモニュメントだったのである。その意味で、大仏殿は円覚寺と同様の効果があったといえる。

以上のように、大仏と大仏殿も、広い意味でとれば境界の寺院とよぶことができるのである。これまで見てきた、円覚寺や極楽寺、大慈寺、大仏殿などのように、鎌倉の境界地域に次々と寺院が建てられていったことも、鎌倉に寺が多いことの一因と考えることができよう。

鎮魂の寺院

源義朝の鎮魂、勝長寿院

前述のように、円覚寺は蒙古襲来の犠牲者を敵味方の区別なく弔うための鎮魂の寺院であった。蒙古襲来は、鎌倉幕府にとって最大の危機であり、戦死者も多かったであろうから、その犠牲者を弔うのは当然である。

このような死者を追悼するための寺院を、鎮魂の寺院とよぶことにしよう。

鎮魂の寺院のうち最大のものは円覚寺だが、最初のものは勝長寿院《しょうちょうじゅいん》である。勝長寿院は、元暦元年（一一八四）十一月、源頼朝が父義朝《よしとも》の菩提を弔うために建立を始めた寺院だ。偶然か必然か、この年に頼朝は、父義朝の没年と同じ三八歳になっていた。義朝は平治元年（一一五九）に起きた平治の乱で敗れ、敗走中に殺害された。その首は、永暦元年（一一六〇）に京都の東獄門前の樹にかけられた後、行方が分からなくなっていたという。

しかし頼朝が伊豆で挙兵し、文治元年（一一八五）三月に平氏が壇ノ浦で滅亡すると、頼朝はその年のうちに後白河法皇に父義朝の首を探し出してほしいと依頼する。法皇は無事に義朝の首を探し出させることに成功する。同年八月に鎌倉に届けられた義朝の首は、九月三日に勝長寿院に埋葬されたという。十月二十四日には、本尊に成朝《じょうちょう》作の阿弥陀像が安置され、三井寺《みいでら》の僧であった公顕《こうけん》が導師として京都から鎌倉にやってきて、盛大な完成式典が行われた。こうした経緯から、勝長寿院はあくまでも頼朝が個人的に父の菩提を弔うために建てた施設であったと性格づけられよう。勝長寿院が「寺」よりも格の低い「院」であったことも、そうした性格に起因するものだと考えられる。

勝長寿院には、三代将軍の源実朝も永福寺《ようふくじ》などとともに参詣しており、ひきつづき源氏嫡流が祀るべき寺院であり続けた。暗殺された実朝の遺骸が勝長寿院のかたわらに葬られたのも、源氏嫡流だからこそであろう。勝長寿院を建立した頼朝の妻であり、実朝の母でもあり、頼朝の一家で唯一の生き残りともいえる北条政子は、実朝追福のために勝長寿院の傍らに五仏堂を建立し、運慶《うんけい》作の五大尊像を安置した。以降は政子が勝長寿院を掌握することとなる。『吾妻鏡』貞応二年（一二二三）二月二十七日条によれば、政子は勝長寿院の奥に新しい御堂と御所を建てることを決め、同年四月には上棟が行われたという。その後の政子はこの御所に住んでいたようである。

政子の政治的な立場を考えると、幕府創設者である頼朝が建立した勝長寿院で、頼朝の父である義朝と、頼朝の子である実朝の菩提を弔うという行為は、夫や息子に対する愛情や追悼以上の目的があったと考えざるを得ない。彼女は、京都からやってきた三寅が就任するまで空位のままである将軍の地位を実質的に継承している立場にあった。まさに尼将軍だ。政子には気の毒な表現かもしれないが、彼女の立場を固めるためには、創設者である夫の頼朝やその父義朝、そして前代の将軍である息子の実朝を祀る勝長寿院に居住することが必要だったのである。しかし、三寅が頼経と名乗って将軍となる半年ほど前の嘉禄元年（一二二五）七月十一日に、政子はこの世を去る。彼女の遺骸は、実子実朝と同様に勝長寿院の御堂御所の地において荼毘《だび》に付された。夫の頼朝は大倉御所北方の法華堂に葬られていたが、勝長寿院には義父義朝と息子の実朝が眠っていた。政子は息子や一度も会ったことのない義父とともに勝長寿院で安らかに眠ったことであろう。こうして、義朝を祀るという頼朝一家のプライベートな祭司空間としての勝長寿院は、その役割を終えたことになる。

時は流れて、暦仁元年（一二三八）十二月二十八日。『吾妻鏡』によれば、執権の北条泰時と連署の北条時房ら幕府の主要メンバーは、源頼朝・北条政子・北条義時らの法華堂を参詣している。建長二年（一二五〇）十二月二十九日にも、時の執権・連署であった北条時頼と北条重時が、源頼朝・源実朝・北条政子・北条義時の墳墓堂を巡礼したというから、暦仁元年の巡礼の折にも実朝の法華堂を参拝していたのであろう。政子の死後、源頼朝・源実朝・北条政子・北条義時の墳墓堂を巡礼することが北条氏の歳末の恒例行事となっていたようだ。政子と実朝の法華堂はともに勝長寿院内にあったから、北条氏にとっては勝長寿院を巡礼することに大きな意味があったのである。義朝を祀る頼朝の個人的な祭祀空間は、北条氏が幕政を握るようになった時期には、北条氏が自らの正統性を内外に印象付けるような寺院として利用されるようになっていたと考えられよう。

源平争乱の鎮魂、永福寺

永福寺の成立については『吾妻鏡』に詳しい。文治五年（一一八九）九月に、奥州藤原氏の拠点であった平泉を制圧した源頼朝は、そこで豪華《ごうか》絢爛《けんらん》な寺院群を目の当たりにして大いに感動したという。特に中尊寺境内にあった二階建ての大長寿院《だいちょうじゅいん》は彼の印象に深く残ったらしい。この時に頼朝は、鎌倉にも同様な寺院を造営したいと思いいたったようである。

鎌倉に戻った頼朝は、同年十二月にさっそく永福寺建立の計画を立ち上げる。世情不安定のために着工は遅れ、建久三年（一一九二）正月にようやく工事が始まった。同年十一月二十五日には、完成式典が行われたというから、永福寺はほぼ一年で完成したことになる。ただ、この時に完成したのは二階堂《にかいどう》とよばれる二階建ての中心的な伽藍のみであった

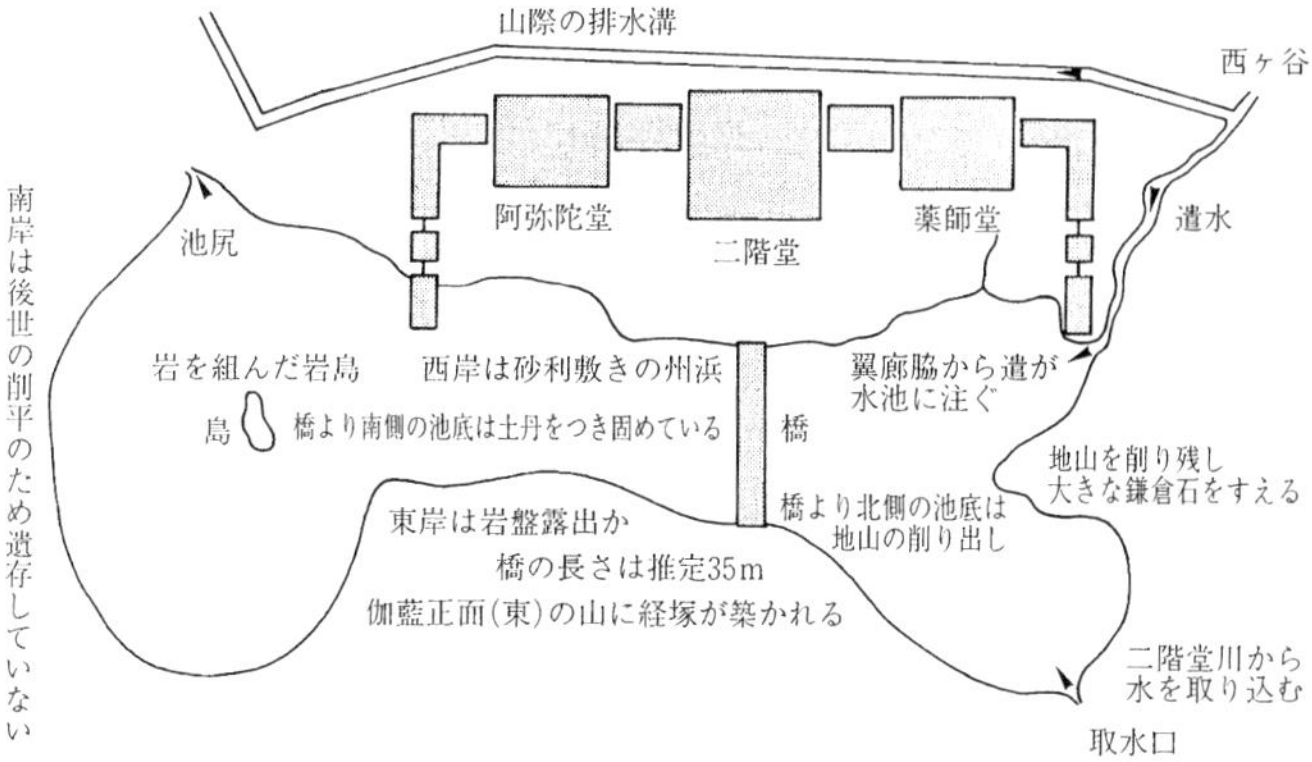

永福寺遺構図（鎌倉市教育委員会『永福寺跡　遺構編』2001年より）

と考えられている。

近年の永福寺跡の発掘調査によって、三つの堂舎が東を正面にして建てられ、それぞれの堂舎が廻廊《かいろう》でつながっていたことが明らかとなった。三つの堂舎の正面には池を持つ庭園が造営され、南北二つの堂からは東に向かって翼廊《よくろう》が伸びていた。広義にはこれら全体を永福寺とよぶが、狭義には、最初に建立された二階堂のみを指して永福寺とよんでいる。従来は、三つの堂舎の中央が二階堂、北が薬師堂《やくしどう》、南が阿弥陀堂《あみだどう》だといわれてきた。

しかし『吾妻鏡』を細かく読んでいくと、発掘された三つの堂舎がそれぞれの堂に対応するかどうかには疑問が残る。『吾妻鏡』には、永福寺に薬師堂が建てられた記事が建久四年と建久五年の二回登場するのに対して、阿弥陀堂を建立したという記事がまったく登場しないのだ。従来の説では、薬師堂建立の記事のどちらかが阿弥陀堂の誤りであるとするのが大方の見方であった。しかし『吾妻鏡』がそこまで誤記するとは考えがたい。繰り返しになるが、文字史料の内容は、間違いであると断ずる前に、本当のことが書かれていることをまずは前提として解釈すべきであろう。したがって、永福寺内には二つの薬師堂があり、『吾妻鏡』に建立の記事がない阿弥陀堂も、別の機会に建てられたと考えるのが当面の妥当な解釈であろう。発掘された三つの堂舎は、三つ合わせてひとつの「二階堂」ととらえ、二つの薬師堂と阿弥陀堂の遺構は、まだ発掘されていない地域に眠っていると考えた方が、『吾妻鏡』の内容を無理に読みかえなくてもすむように思える。

堂舎の配置はともかく、永福寺という大寺院には大きな意味が与えられていた。『吾妻鏡』文治五年十二月九日条では、頼朝が永福寺建立を望んだのは、数万の怨霊《おんりょう》を宥《なだ》め、彼らを鎮魂するためだと記している。同じく『吾妻鏡』宝治二年（一二四八）二月五日条では、永福寺の修理を指揮した北条時頼が、永福寺を建立させた頼朝の意志を次のように説明している。源《みなもとのよしつね》義経も奥州藤原氏の藤原泰衡《やすひら》も重大な朝敵《ちょうてき》ではなかったが、頼朝の個人的な考えで滅亡させてしまった。頼朝は、彼らの怨霊を鎮めるために堂舎を建立したのだというのである。頼朝存命中の『吾妻鏡』の記事には、鎮魂の対象となる人物の具体名は出されていないが、頼朝が死んで六十年近くたった時頼の発言では、源義経や藤原泰衡らが具体的な鎮魂の対象となっている。

従来の永福寺に対する評価は、奥州藤原氏を鎮魂するために平泉の寺院を模倣して造営された寺院だというものであった。しかし、上記の『吾妻鏡』の記事を信じるならば、奥州藤原氏に限らず、義経も含めた源平争乱の犠牲者を弔うのが頼朝の意志であったことは明確である。そもそも奥州藤原氏との戦いは、前九年合戦を再現したものであった。かつての源氏の棟梁である源頼義・義家が戦った前九年合戦を頼朝が再現することで、武士たちの中に頼朝の権威を定着させる意味があったのである。つまり、奥州藤原氏との戦いは頼朝による幕府創設の総仕上げだったのだ。したがって、その後に建立された永福寺も、幕府創設のために犠牲となったすべての人々を供養するための鎮魂の寺院と考えるべきであろう。『吾妻鏡』にある「数万の怨霊を宥め」という表現は、文飾や定型句ではなく、幕府が成立する一連の戦いで犠牲となった人々の命と向き合った頼朝の口から、自然に発せられた言葉だったのではないだろうか。

なお、建長年間（一二四九〜五六）には宝治合戦で三浦氏を滅ぼした北条時頼が永福寺を再建している。また、幕府滅亡後に起きた中先代の乱で北条時行が占拠した鎌倉を奪還した足利尊氏は、永福寺別当坊に入っている。したがって永福寺には、戦乱による死者の鎮魂とともに、その戦乱で勝利したことを内外に示す効果もあったと考えられる。勝利宣言の寺院だからこそ、敵味方の犠牲者を供養する鎮魂の寺院ともなれたのである。

得宗の鎮魂、宝戒寺

いわゆる源平争乱や蒙古襲来と同様に鎌倉幕府に影響を与えた戦乱は、皮肉なことではあるが幕府滅亡の戦いであった。鎌倉にいた北条一族は、元弘三年（一三三三）に宝戒寺小町亭の裏山に当たる葛西谷《かさいがやつ》に逃げ込み、自害して果てた。彼らを攻撃したのは鎌倉に常住しないような御家人たちであった。幕府を支えた奉行人とよばれる事務官僚たちは、いつの間にか戦火を逃れ、後の鎌倉府に出仕したりしている。政権が交代しても官僚層はなかなか交代しないのは、いつの世も同じらしい。

鎌倉幕府滅亡の要因はいろいろ議論されている。『太平記』などに見られるように、得宗の北条高時が愚鈍《ぐどん》であったからとか、御内人とよばれる得宗の被官が利己的な政治を行ったからとかいう説もいまだに根強い。しかし、こうした状況はそれほど政権の大勢に影響を与えないのではないだろうか。古今東西の政権が滅亡するのは、政権の首長がもつ個性の責任ばかりではない。また政権中枢の腐敗は、不満に思われることはあっても、直接的な滅亡の理由にはならないはずだ。歴史をふりかえってみても、政権の首長が名君で優秀な官僚層が清廉潔白である時代の方がむしろ珍しいのではないだろうか。したがって、個人の力量や政権中枢の腐敗以前に、それまでの歴史的な経緯こそが、政権滅亡の際には考慮されなければなるまい。江戸幕府が滅びた原因を、将軍が愚鈍で老中らが利己的であった点に求めるのは、外国との関係や国内情勢を無視した暴論であろう。鎌倉幕府もまた同様である。

宝戒寺境内の得宗権現

要因は何であれ、後醍醐《ごだいご》天皇の勢力は鎌倉幕府を滅亡させることに成功した。勝者である後醍醐天皇は、敗者である最後の得宗、北条高時の邸宅跡に宝戒寺《ほうかいじ》を建立させる。族滅した得宗の鎮魂のためである。今でも宝戒寺境内には「得宗権現《とくそうごんげん》」が祀《まつ》られている。

それにしても北条氏の評判は今でも芳しくない。特に皇国史観とよばれる天皇を絶対的に崇拝する歴史観に支配されていた戦前には、北条氏が自害したといわれる葛西谷の「腹切りやぐら」とよばれる一帯の石塔類は、しばしば蹴倒されていたという。しかし、いつの時代でも勝者は敗者を鎮魂するものであった。後醍醐天皇が宝戒寺を建立することで得宗を鎮魂しているのと同様に、後醍醐天皇に反旗を翻した足利尊氏《たかうじ》・直義《ただよし》兄弟も、後醍醐天皇の冥福を祈るために天竜寺《てんりゅうじ》を建立している。すでに強調したが、戦乱の犠牲者を供養する際には、味方ばかりでなく敵方も対象とするのが伝統的な鎮魂の方法であったことは、改めて読者に伝えておきたい。また、後醍醐天皇が建てた得宗を鎮魂する寺院は、彼らが住んでいた小町邸の跡地に建てられた。滅亡した一族の邸宅跡地にその一族を鎮魂する寺院が建立されたとしたら、このことも、鎌倉に寺が多いことの一因となったことであろう。

都市の寺院

これまで、「持仏堂的寺院」では持仏堂的寺院から発展した寺、「境界の寺院」の節では鎌倉の境界に置かれた寺、「鎮魂の寺院」の節では鎮魂のために建てられた寺のあり方を見てきた。このようにして、さまざまな理由から鎌倉には多くの寺院が建立された。これらの寺院は、狭い鎌倉にひしめくようにして建っていたはずだ。これらを都市の寺院とよぶことにしよう。この節では、浄光明寺と円覚寺を中心に都市の寺院のあり方を検討し、鎌倉の寺々で行われていたことの一部を明らかにすることを目指す。まずは浄光明寺だ。

「浄光明寺敷地絵図」をよむ

浄光明寺は、鎌倉市扇ヶ谷《おうぎがやつ》二丁目の泉谷《いずみがやつ》という字を持つ一帯に今も残る名刹である。『吾妻鏡』にその名は登場しないが、幕府滅亡後に、後醍醐天皇が浄光明寺の所領を安堵している文書が残っているので、浄光明寺という寺号は『吾妻鏡』の途絶えた鎌倉時代後半に確立したようだ。寺伝によれば、開基は北条時頼と北条長時の二人だという。後世の史料によれば、開基の一人である長時は文永元年（一二六四）に浄光明寺で没したという。『吾妻鏡』には、長時の一周忌が「泉谷新造堂」で行われたとあるので、この泉谷新造堂が後に浄光明寺となったのであろう。これは、「持仏堂的寺院」で見た、持仏堂的な寺院が子孫によって寺院として整備されるという原則に沿うものである。なお、なぜ時頼が開基に名を連ねているのかは定かではない。

『梅松論《ばいしょうろん》』によれば、建武二年（一三三五）の中先代《なかせんだい》の乱を鎮圧して鎌倉を奪還した足利尊氏は、後醍醐天皇に対する謀反の嫌疑を晴らすため浄光明寺に蟄居《ちっきょ》したという。尊氏が浄光明寺を選んだのは、尊氏の正室である登子が北条久時《ひさとき》の娘だったからであろう。というのも、久時は現在の浄光明寺の本尊である木造阿弥陀三尊像を正安元年（一二九九）に造立させた人物であり、浄光明寺の開基である長時の孫に当たる人物でもあったからだ。尊氏にとって浄光明寺は、義父が本尊を作らせた寺であり、妻の実家の菩提寺のような存在だったのである。こうした血縁関係によって、鎌倉幕府滅亡後も浄光明寺は足利氏の保護を受けることができた。

この浄光明寺で、「浄光明寺敷地絵図」と中央に記された絵図が近年になって発見された。この絵図は、鎌倉幕府滅亡直後に鎌倉に入った足利直義が、浄光明寺の持つ敷地の所有権を承認する際に浄光明寺側が描いたものだといわれている。この時に浄光明寺は、寺周辺の敷地を安堵された。この絵図には、浄光明寺の周辺に町屋《まちや》とよばれるような庶民の家屋あるいは一時的な商業施設とも考えられる建物が描かれ、さらに御家人の名前を記した土地区画も描かれている。朱線で囲まれた町屋や御家人の土地が、浄光明寺の安堵された地域なのであろう。

細かく描かれた町屋と御家人の所有地が、幕府滅亡後に浄光明寺に安堵されていることを示すのが、この「浄光明寺敷地絵図」である。この絵図の存在から、浄光明寺は寺周辺の土地を持つ地主だったことが分かる。長時の持仏堂的寺院から発展した浄光明寺は、周辺の土地を所有する地主でもあったのだ。これに似た事例をほかに探してみよう。

円覚寺門前の屋地

浄光明寺と同様に、足利直義によって寺領を安堵されていることを示す絵図が、もうひとつだけ現存している。それが「円覚寺境内絵図」である。この絵図にも、幕府滅亡によって没落した御家人の名前が記された土地や町屋が描かれ、それらが朱線によって囲まれて円覚寺の領地として安堵されているようだ。この絵図の中央下部には町屋がいくつか描かれている。簡素な作りであることからして、これらの建物は寺の堂舎ではなく町屋だと断定していいだろう。この円覚寺門前の屋地に

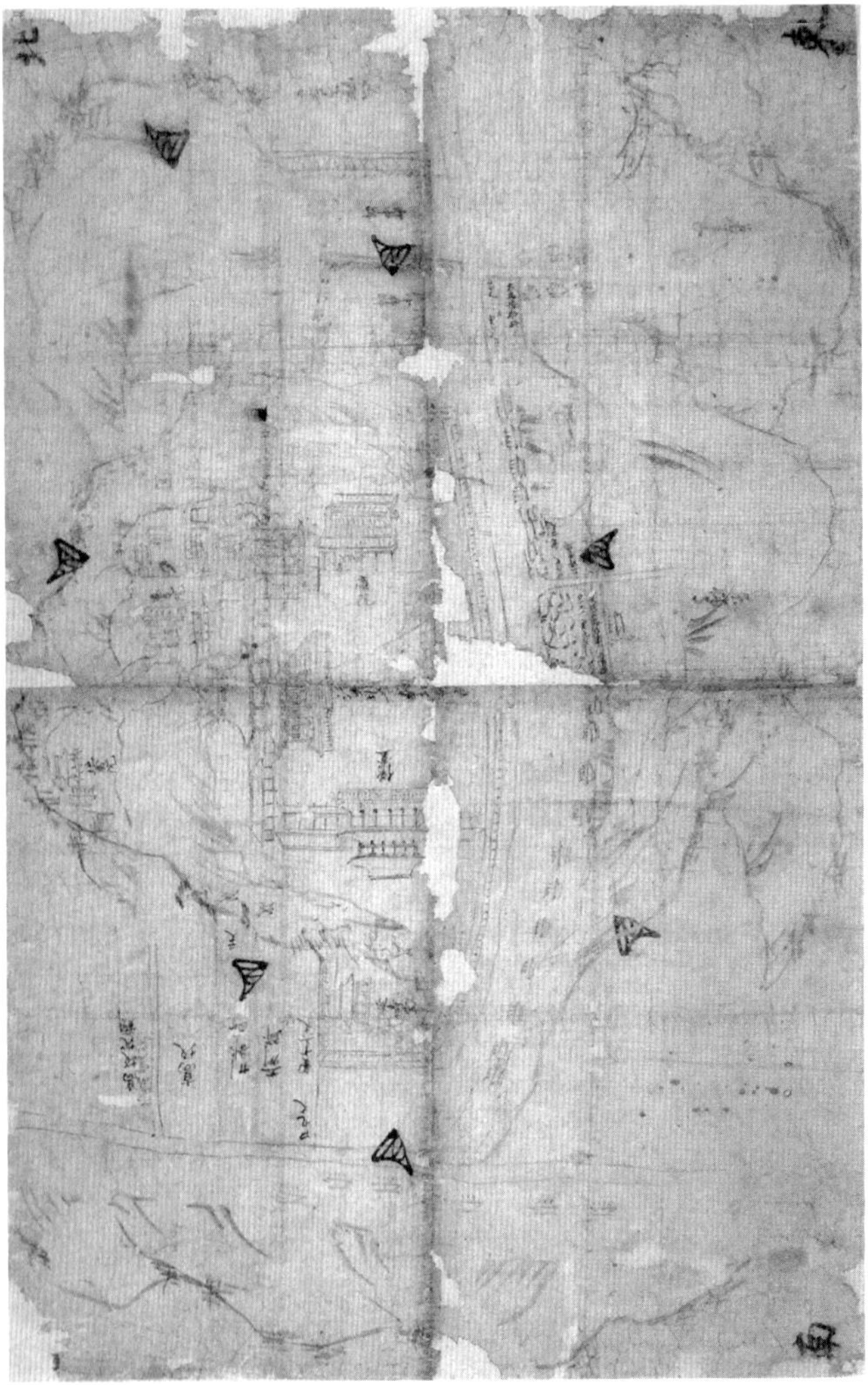

浄光明寺敷地絵図（浄光明寺所蔵）

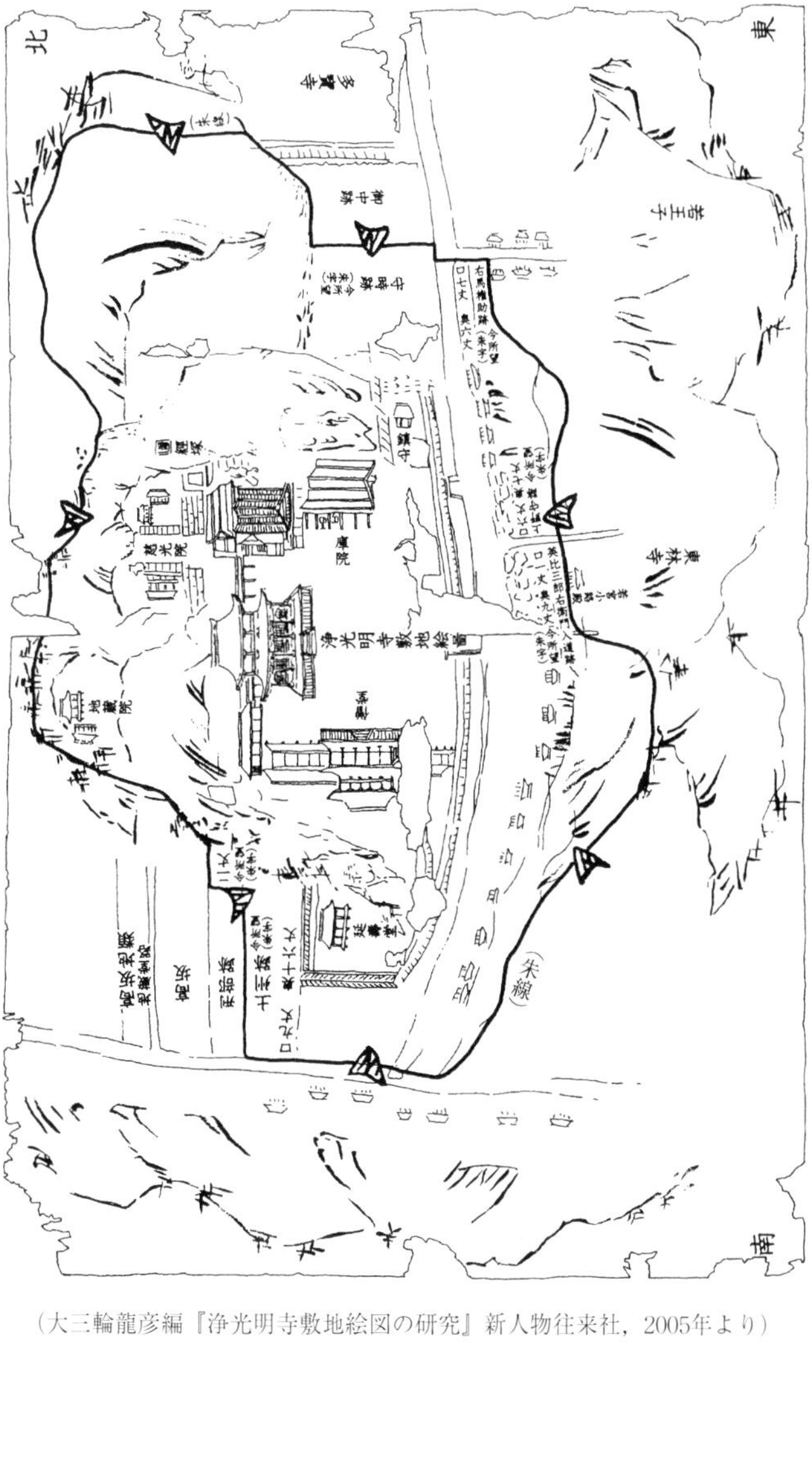

（大三輪龍彦編『浄光明寺敷地絵図の研究』新人物往来社，2005年より）

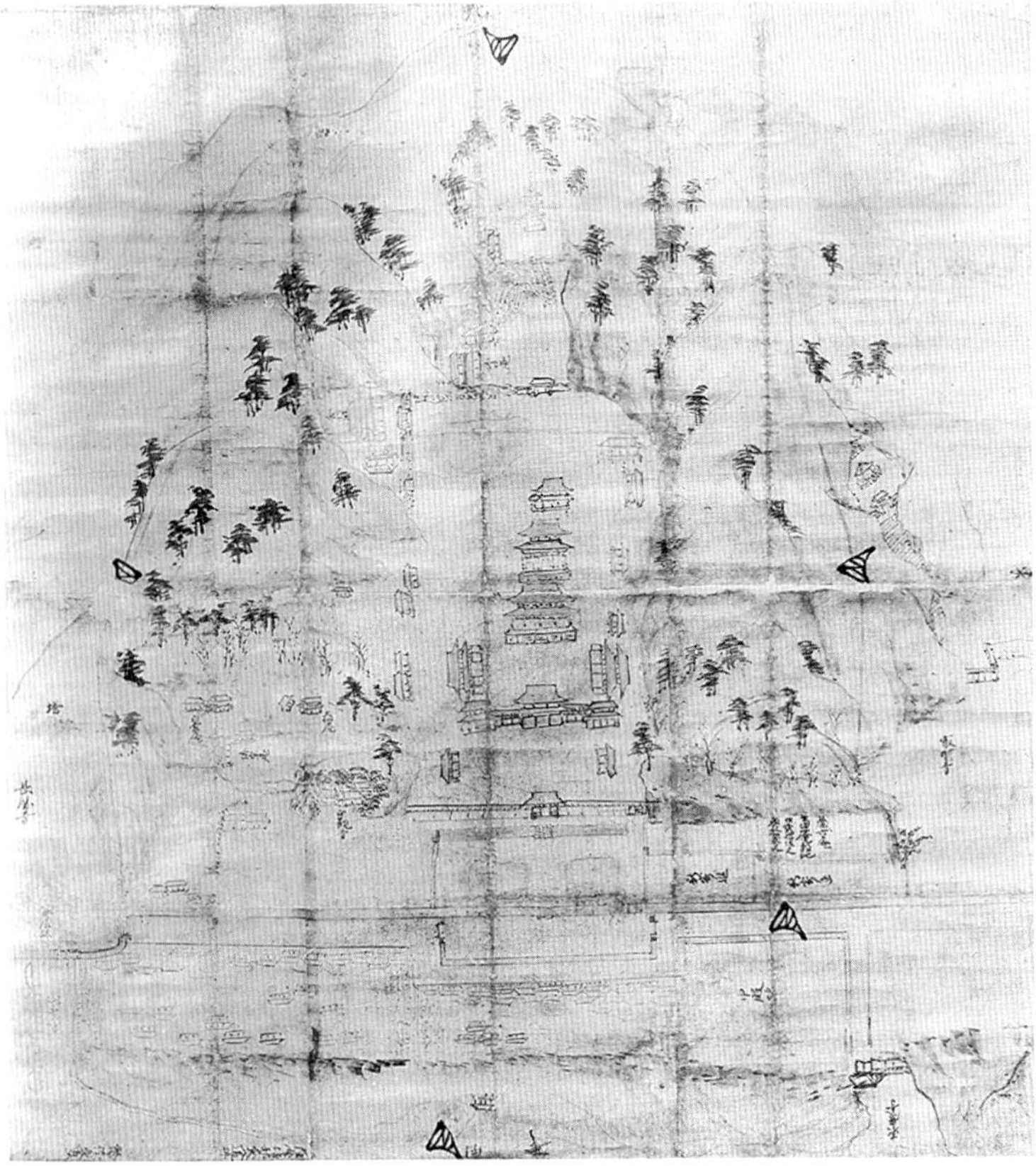

円覚寺境内絵図（円覚寺所蔵）

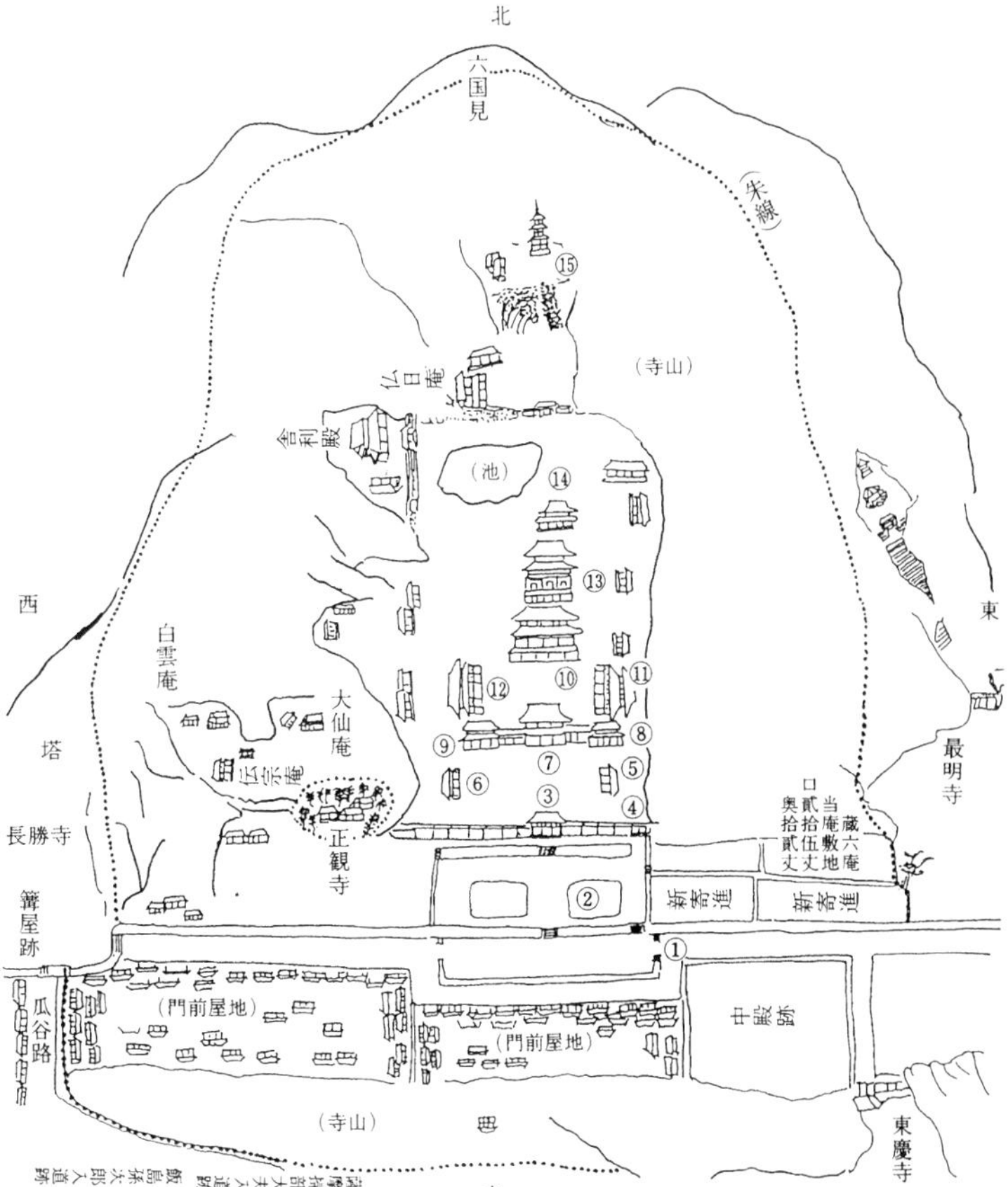

①外門，②白鷺池，③惣門，④脇門，⑤浴室，⑥東司，⑦三門，⑧鐘楼，⑨経楼，⑩仏殿，⑪庫院，⑫僧堂，⑬法堂，⑭方丈，⑮華厳塔（松尾剛次『中世都市鎌倉の風景』吉川弘文館，1993年より）

ついては、やや時代をくだった南北朝時代のものではあるが、次のような史料がある。

「円覚寺門前屋地注文」（円覚寺文書）『神奈川県史』三九九四号文書

円覚寺門前屋地之事

合わせて八十二間てえり

見心の地十六間
中居小番の地の並び
居者は随一
地子は六十四文定め

浄円の地十七間
飯頭の地の並び
居者は唯性
地子は六十八文定め

了本の地廿二間
行心の地の並び
居者は真宗
地子は八十八文定め

善了の地八間
御浄分の地の並び
居者は性参頭跡
地子は三十二文定め

了一地九間　浄仏の地の並び
居者は畳刺
地子は三十六文定め

理得の地九間　得円の地の並び
居者は弥四郎
地子は三十六文定め

貞和四年（一三四八）〈戊子〉二月晦日　重ねて共に之を校す
修造司〈景粲監寺〉　直歳〈仁徹監寺〉　安武（花押）
院主〈勝栄寺〉

これは、円覚寺門前の屋地の所有関係を確認した書類である。ここに登場する「見心」・「浄円」・「了本」・「善了」・「了一」・「理得」の六人は円覚寺の承仕《しようじ》や小番《しようばん》とよばれるような円覚寺に奉仕する階層の人々だといわれている。彼らは円覚寺からあてがわれた土地を別人に貸与していたらしい。貸与された屋地に実際に住んでいたのは、それぞれの文字の固まりの下に書かれた居者の「随一」・「唯性」・「真宗」・「性参頭」・「畳刺」・「弥四郎」の六人である。

ここで注目すべきは、それぞれの固まりの最後の行である。いずれも一間《いつけん》辺り四文の地《じ》子《し》が発生しているのだ。つまりこの史料は、円覚寺の土地をあてがわれた円覚寺に奉仕する人々が、職人や商人などにそれを又貸しして、地子を徴収してたことを示しているのである。ここで登場する地子は借地料あるいは借家料と考える他あるまい。貸与の対象となっている「円覚寺門前屋地」は、「円覚寺境内絵図」の中央下部に描かれた町屋のことだと考えられる。ここが円覚寺に安堵されているということは、地子を徴収する権利が安堵されていることと同義であろう。つまり、円覚寺が地子を徴収する主体だったのである。

それでは、先に見た浄光明寺の場合はどうだろうか。

浄光明寺周辺の宿所

「浄光明寺敷地絵図」に登場する人物の具体的な人名については、次の史料が重要な根拠となる。

「年未詳金沢貞顕書状」（金沢文庫古文書）『神奈川県史』二八一二号文書

（前欠）

一つ、去んぬる月十九日夜、甘縄の城入道（安達時顕）の地の南の頬《つら》、いなかき左衛門入道宿所（A）の候より炎上出来候て、其の辺り焼け候ぬ。南は越後大夫将監時益までと承り候。彼の家人糟屋孫三郎入道以下数輩焼失し候。北は城入道宿所を立てられ候ハむとて、人を悉《ことごと》く立てられ候程に、そのあきにてと〻まり候ぬ。南風にて候しほとニ、此の辺りも仰天候き。北斗堂ばかりのかれて候の由承り候、

目出たく候〳〵

一つ、去んぬる夜亥刻ばかりに、（B）扇谷の右馬権助家時（大仏家時）門前より火いてき候て、亀谷の少路へやけ出候て土左入道（大仏宗泰カ）宿所やけ候、浄光明寺西頬までやけて候。右馬権助・右馬権頭貞規《さだのり》後室・刑部権大輔入道（摂津親鑒）宿所等は無為に候。大友近江入道も同じく殊なる事無く候。諏方六郎左衛門入道家焼失し候と云々。風始めハ雪下方へ吹かけ候き。後ニハ此の宿所へ吹かけ候し程ニ、驚き存じ候しかとも、無為に候の間、喜び思い給い候。（C）火本ハ秋庭入道（右馬権助の家人）と高橋（同前）のなにとやらか諍い候の由聞こゆ。あなかしく。

十一月十一日

この書状は、正中三年（一三二六）から元徳元年（一三二九）までと推定される時期に北条一族の金沢貞顕が誰かに書き送ったものである。ここでは二つの火事について記されている。傍線部（C）からは、二度目の火事が大仏《おさらぎ》家時の家人である秋庭入道と高橋某（なにとやら）の喧嘩が原因となって起きたことが分かる。傍線部（B）冒頭にあるように大仏家時の門前から出火したのだから、家時の家人である秋庭入道と高橋某の二人は、主人の大仏家時の屋敷内に住んでいたと考えられる。また傍線部（B）からは、この火事によって浄光明寺の西隣付近まで延焼して大仏宗泰の「宿所」が焼けてしまったことや、大仏家時、北条貞規後室（赤橋守時の姉妹）、摂津親鑒《ちかかね》らの「宿所」は無事だったことが分かる。この史料から、浄光明寺周辺に大仏家時（高直の兄）や大仏宗泰、摂津親鑒らの「宿所」があったことは明らかであろう。

「浄光明寺敷地絵図」に記された御家人は、前掲の史料などを根拠として、すでに以下のように人名が特定されている。これらのほとんどが傍線部（B）と一致しているのは偶然ではあるまい。絵図と書状に登場する人物がほぼ一致するのは、史料が少ない鎌倉時代後期の鎌倉においては奇跡に等しい。

「高坂」＝武蔵国の武士団　「刑部」＝摂津親鑒
「土州」＝北条（大仏）宗泰
「英比三郎右衛門入道」＝英比《あぐい》を名のる一般御家人か北条氏の従者
「上野守」＝北条（大仏）直俊　「右馬権助」＝北条（大仏）高直
「守時」＝北条（赤橋）守時　「御中」＝北条氏嫡流得宗家の人物

しかし、浄光明寺と彼らが主従関係にあった形跡はないし、相互の血縁関係も薄い。同じ北条氏であっても、赤橋流北条氏と大仏流北条氏はかなり遠い親戚である。このことから、彼らが地子を支払って浄光明寺から土地を借りてそこに宿所を営んでいたことが推測できる。浄光明寺は、円覚寺と同様に寺周囲の土地を貸し出して地子を徴収していたのだ。

そして貸し出される対象は、商人や職人だけでなく、御家人である場合もあったのである。都市の寺院は都市の地主でもあったと評価できよう。

鎌倉の地主

前掲の金沢貞顕書状の傍線部（A）によれば、十月十九日に鎌倉で火事があったという。この火事は、安達時顕の「地」の南隣にある稲垣左衛門入道の「宿所」から出火して、その一帯を燃やした。類焼範囲の南限は北条時益の地の辺りまでで、時益の家人である糟屋孫三郎入道らの宿所も焼けてしまった。北側は、安達時顕の「宿所」を建てようとしてその辺りの人々を立ち退かせていたので、ちょうどその空き地で火事が焼け止まったという。

ここでは、「地」と「宿所」という言葉に注目したい。火元が安達時顕の「地」の南隣であり、類焼範囲の北限が、安達時顕の「宿所」を建てようとして人々を立ち退かせていた場所であったことから、「地」と「宿所」という二つの用語が使い分けられているのは明らかである。安達時顕の「地」は比較的広い面積の土地を指しており、その「地」の中に、時顕は自分の「宿所」を建てようとしていたのである。人々を立ち退かせるまでは、時顕の「地」に他人の「宿所」があったと考えられる。北条時益の家人であった糟屋孫三郎入道も、おそらく北条時益の「地」に「宿所」を持っていたのであろう。これを概念図に示すと以下のようになる。

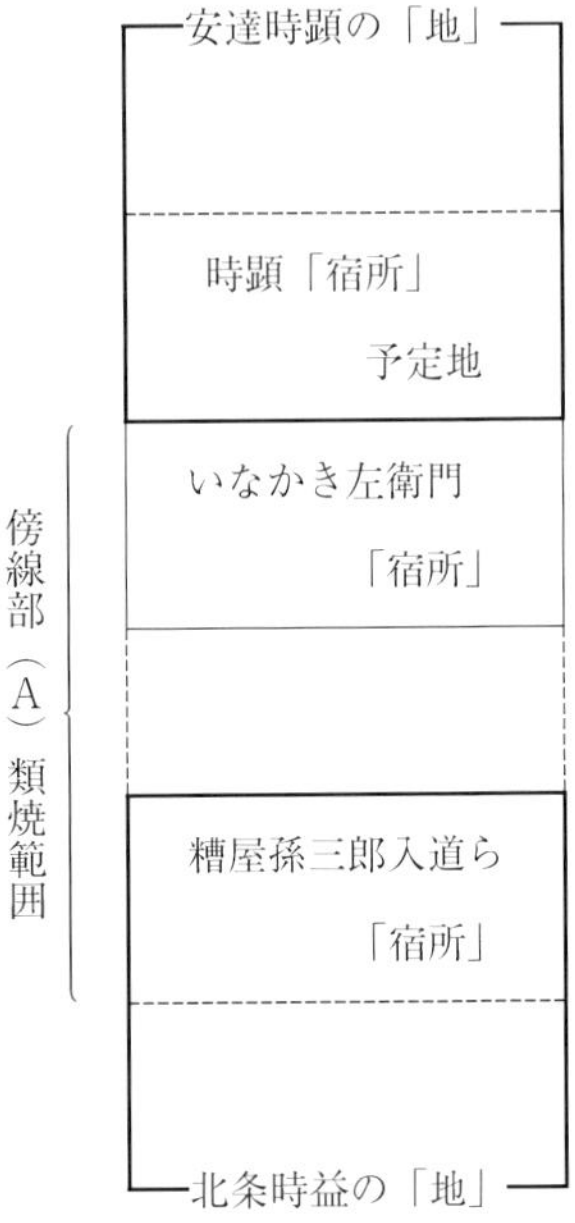

安達時顕や北条時益は有力御家人であり、鎌倉に常住するいわゆる特権的支配層であった。彼らは鎌倉に定住して幕府の職務をこなすような、幕府の中枢を担う御家人たちである。彼らのような鎌倉常住御家人は鎌倉に「地」を持ち、その「地」の中に本人や彼らの家人たちの「宿所」を建てて住んでいたのである。

しかし、地子という語は鎌倉時代の鎌倉には一度しか登場しない。それが次の史料だ。

沙弥行日（二階堂行久）譲状（二階堂文書）『神奈川県史』五二一九号文書

譲り渡す　領地ならびに倉等の事

一所　西御門に在り、奥の地に入る

一所　浜の倉半分

右、証文を相副え、向女房《むかいのにょうぼう》に譲り渡す所なり。兼ねてまた、鎌倉宿所の倉の納め物の事、名越女房《なごえのにょうぼう》両人と、各半分を分け取るべきなり。浜の倉においては、同じく半分を相分かち其の沙汰有るべし。但し、敷地に至りては、他人の領を借用せしむる所なり。しかれば向後《きょうこう》も地主を相語らいて、毎年懈怠《けたい》無く、其の地子を弁《わきま》え、領知せらるべきの状、件の如し。

文永三年（一二六六）六月十日　　沙弥行日（二階堂行久）（花押）

この史料によれば二階堂行久は、自分の持っている西御門の宿所の倉に納められた物を向女房と名越女房の二人に半分ずつ譲与することに決めた。さらに、鎌倉の浜にある倉についても同様に分与することを決めている。ただし、浜の倉の敷地は他人の領地を借用しているものなので、毎年きちんと地子を支払うようにと二人の女房に命じているのである。二階堂行久が浜に持っていた倉は、「地主」に「地子」を支払って借りていたものであることは明らかであろう。ここで登場する「地子」が、「敷地」を借りる借地料を指していることは疑いあるまい。

それでは、二階堂行久に倉を貸していた「地主」とはどのような存在だったのだろうか。『吾妻鏡』建長二年（一二五〇）四月二十九日条では、諸国の雑人が訴訟を起こす場合には地頭の推薦状が必要であり、鎌倉中の雑人が訴訟を提起する場合には地主の推薦が必要だということが幕府によって決められている。雑人とは武士よりも身分の低い人々のことを指すから、鎌倉の雑人の場合、おそらく彼らは鎌倉内に土地や建物を持つことはなかなかできなかったはずだ。雑人たちは、地主から土地や建物を借りて鎌倉に住んでいたと考えられる。その際に地子が発生したであろうことは想像に難くない。「浄光明寺敷地絵図」に見える小さな家には、こうした雑人が住んでいた可能性が高い。

鎌倉には寺院をはじめとした地主がおり、御家人や雑人たちが地子を支払って彼らから土地や建物を借りていたのである。都市の寺院は都市の地主でもあり、鎌倉に常住しないが拠点を構えざるを得ない御家人たちは、地主から土地や建物を借りて、鎌倉の拠点を維持していたと考えられる。鎌倉が武家の都であったとしても、武士ばかりを見ていたのでは実態を見誤ることになろう。

都市的鎌倉、鎌倉的都市

鎌倉の作られ方

鎌倉幕府の成立はいつ？

「イイクニ《一一九二》作ろう鎌倉幕府」。このゴロ合わせは誰もが一度は耳にしたことがあるだろう。しかし、鎌倉幕府がいつ成立したのかについては諸説あり、いまや一一九二年（建久三）を幕府成立とするのは少数派である。

現在では、源頼朝の鎌倉入りの画期性に注目して一一八〇年（治承四）を強調する説や、源頼朝が朝廷によって東国行政権を与えられた一一八三年（寿永二）をその成立とする説などがあり、いまだに結論を見ていないのが現状だ。したがって、現在の一般的な高等学校の教科書には鎌倉幕府の成立が建久三年（一一九二）とは書かれていない。こうして議論が分かれてしまう大きな原因は、鎌倉幕府の性格に対する理解が論者によって異なることにある。

その鎌倉幕府の性格について、現在では大別して二つの説がある。ひとつは「権門《けんもん》体制論」であり、もうひとつは「東国国家論」である。前者では、鎌倉幕府は天皇を中心とした権門体制を構成する一要素である「軍事権門」に過ぎず、単独の政権としては成立していないとされる。それに対して「東国国家論」では、幕府が東国に成立した単独の政権であり、鎌倉時代には朝廷と幕府とがならびたっていたと考えるのである。しかし両者は、二者択一的にどちらかを選ばなければならないという性質のものではない。むしろここでは、鎌倉幕府が、朝廷に対しては「軍事権門」として振る舞いながら、東国に対しては「東国国家」として存在するという二つの側面があったと考えるべきであろう。幕府は朝廷には形式的に含まれる存在でありながら、実質的には東国を支配していたのである。

個人的には、権門体制論そのものに限界を感じる。権門体制論にしたがうと、鎌倉幕府は国家の一部局に過ぎない存在となり、平安京に全国的な政権が所在したことを示す「平安時代」がずっと続いていたことになる。形式的には、明治維新で天皇が江戸に移るまで「平安時代」だということになってしまうだろう。いや、遷都の詔が出されていないのだから、現代は未だに「平安時代」ということになる。少なくとも、鎌倉が全国的な政権の所在地であることを意味する「鎌倉時代」という名称に異議を唱えることくらいはしてもいいのではないかと権門体制論者に対しては感じるのだが、そうした意見は最近あまり聞かない。むしろ近年は、こうした議論自体が古めかしいものになりつつあるようだ。そろそろ新たな「鎌倉時代」の国家像が描かれるべき時期なのであろう。将来の歴史研究はどの方向に進むだろうか。

こむずかしいことはともかく、大勢力が関東に誕生したということは、京都にある朝廷を中心とした「国家」の中に幕府という別の政権が生まれたことになるのだから、当時の人々は大きな衝撃を受けたことであろう。今でいえば北海道だけが、司法や立法も含めた別の行政組織を持つようなものである。想像しただけでもその衝撃は計り知れない。このように存在自体が歴史的に希有である政権が、関東の、それも鎌倉に拠点を構えて十二世紀末に誕生した。現在では人口約一七万人程度（二〇〇九年現在）の静かな地方都市である鎌倉に、史上類を見ない大きな衝撃を伴って鎌倉幕府が成立したのである。

鎌倉が選ばれた理由

鎌倉には、源頼朝の父である義朝《よしとも》の居館があった。鎌倉に拠点を定めた当初、頼朝は父の居館に住もうと思っていたようだ。しかし義朝の邸宅跡には、すでに岡崎義実《おかざきよしざね》が義朝の菩提を弔うための梵宇を建立していた。後の寿福寺《じゆふくじ》である。そのために頼朝は、鎌倉の中でも大倉に住むことを決めたという。頼朝が鎌倉入りを決めたのは、父義朝の邸宅があったことに大きな要因があろう。しかし、まだ平氏と戦っていた頼朝が鎌倉に拠点を置こうと決心した背景には、南関東の有力武士団の存在があった。

そもそも頼朝に鎌倉入部を勧めたのは千葉常胤《つねたね》である。『吾妻鏡』治承四年（一一八〇）九月九日条で常胤は次のように発言している。

当時の御居所は指《さ》したる要害の地にあらず。又、御嚢跡《ごのうせき》にあらず。速やかに相模国鎌倉に出でしめたまうべし。常胤門客《もんきやく》らを相い率いて、御迎えのために参向すべきの由これを申す。

頼朝が今いるところは要害の地ではなく、また祖先の由緒のある地ではないからすぐに鎌倉に入るべきだ。そうすれば、自分（常胤）は一門を率いてお迎えにあがりましょう。千葉常胤はこういったのである。

この『吾妻鏡』の記事は、鎌倉が要害の地であり源氏に由緒のある地（御嚢跡）であることの根拠としてしばしば用いられる史料である。しかし、千葉常胤の本意は実は後半にあるのではないだろうか。鎌倉に来れば喜んでお迎えにあがりましょうという部分である。深読みかもしれないが、頼朝の鎌倉入部を、千葉の軍勢が頼朝軍に加わることの条件として提示したとも考えられる。頼朝軍は石橋山で大敗を喫して関東の武士団に結集をよびかけていた時期である。房総半島を北上してなんとか軍勢を立て直したばかりの頼朝軍には、千葉勢の合流は不可欠であった。常胤の鎌倉入りという要求も無理難題ではない。頼朝は千葉常胤の条件を飲まない理由はなかったはずだ。

こうして千葉氏をはじめとした南関東の武士団を次々に味方につけた頼朝軍は、京都に向かって進軍を始める。治承四年十月二十日に富士川の合戦に勝利を収めた頼朝は、さらに西進して京都を目指すように一度は号令をかける。しかし、千葉常胤・三浦義澄《よしずみ》・平《たいらの》広常《ひろつね》ら南関東を代表する武士団はこれに異議を唱える。関東の佐竹義政《さたけよしまさ》・秀義《ひでよし》らが大軍を抱えながらも頼朝軍に合流することを拒否しており、秀義の父である隆義《たかよし》も平家軍として在京したままであった。いま頼朝軍本隊が上洛を目指しては、東西からはさみ撃ちにされかねない。まずは関東の安定を優先させるべきだというのである。結局頼朝は、一度出した号令をとりさげてまで彼らの意見にしたがうことになった。

佐竹氏が一族内で在国・在京の分業を行っていることも興味深いが、それよりも、頼朝が千葉常胤・三浦義澄・平広常らの意見に素直にしたがっていることは見逃せないだろう。頼朝はあくまでも彼ら南関東武士団に推戴される存在であり、彼らの意見を拒否することはできなかったのである。この約二ヵ月後の治承四年十二月十二日、源頼朝は鎌倉の新しい邸宅に入る儀式を行った。それまでの経緯を考えれば、頼朝は南関東の武士団である千葉常胤・三浦義澄・平広常らの意見にしたがって鎌倉に入ることを決めたと評価することもできよう。

もちろん千葉常胤たちが鎌倉に頼朝をよび込んだのは、彼らにとって鎌倉が重要な地域だったからである。鎌倉には東海道とよばれる幹線道路が通っていたといわれているし、江戸湾を渡って房総半島に抜けるためには鎌倉を通過しなければならなかった。また、義朝の邸宅前を南北に走る道は、北上すれば武蔵国府《むさしこくふ》に到ることから武蔵大路とよばれていた。つまり鎌倉は、南関東における交通の分岐点だったのである。したがってここに開かれた鎌倉幕府は、当初は南関東武士団の連合政権という性格を持っていたと考えるのが妥当であろう。

鎌倉の軍事力と寺社

頼朝が鎌倉の新居に移る儀式を行った際、頼朝に出仕するために関東の御家人三一一人が侍所に集まった。彼らも鎌倉に宿館を構えたという。しかし彼らが構えたのは、あくまでも一時的な滞在施設を意味する宿館でしかなかった。御家人たちがしばしば鎌倉と本貫地や京都を往来していたことはすでに指摘した通りである。

また、幕府が後鳥羽上皇と戦った承久の乱の際に幕府の行動を記した『吾妻鏡』承久三年（一二二一）五月二十一日条には、大江広元の次のような意見が載せられている。「後鳥羽上皇と戦うという決断は勇気のいるものだ。ぐずぐずしていては、武蔵国の軍勢も決心を変えて上皇方に付いてしまうかもしれない。とにかく大将の泰時だけでも鎌倉を出発すれば、軍勢はそのうち合流するだろう」。つまり、武蔵国の軍勢を待っていては逆に寝返りが出るかもしれないので、北条泰時が早々に鎌倉を出発することを大江広元は提案しているのだ。結局この意見は受け入れられる。この時、鎌倉のある相模国《さがみのくに》に隣接する武蔵国の軍勢さえも鎌倉を不在にしているのだから、鎌倉には軍事力がプールされていないことは明らかであろう。普段の鎌倉は、甲冑を身にまとい弓や槍を持った武士たちが跋扈《ばっこ》しているような都市ではなかったのである。

頼朝が住み始めた頃の鎌倉は、むしろ宗教施設の方が目立つような都市であった。『吾妻鏡』治承四年（一一八〇）十月十二日条によると、かつて康平六年（一〇六三）に源頼義が鎌倉の由比郷に勧請した石清水八幡宮を、頼朝が小林郷北山に移させたのが現在の鶴岡八幡宮だという。鎌倉には、すでに頼朝の父である義朝の邸宅跡に堂舎（現在の寿福寺）が建てられていたし、その近くには現在も残る窟堂《いわやどう》もあった。頼朝の御所の東にある荏柄天神社《えがらてんじんしゃ》や大倉観音堂（現在の杉本寺）も、『吾妻鏡』の記録を信じる限りはそれまでに建立されていたことになっている。さらに頼朝は、文治元年（一一八五）三月に父義朝を祀る勝長寿院を、御所の道をはさんだ南側に建てている。

現在の寿福寺

鎌倉のメインストリート

これらの寺社は、実はある共通点を持っている。六浦道《むつらみち》とよばれる東西に走る道に面しているという点である。頼朝の父である義朝の邸宅のあった寿福寺を起点として東に向かうと、窟堂の前を通り、鶴岡八幡宮の南にいたる。その道は横大路とよばれ、頼朝の御所の前からは六浦道と名前を変えて勝長寿院の北、荏柄天神社、大倉観音堂の南を抜けていく。頼朝の家政機関である政所もこの道に面していた。また、頼朝が奥州合戦後に建てさせた永福寺の参道である二階堂大路も、六浦道から分岐するように作られている。頼朝期における鎌倉の主要な

六浦道からのびる荏柄天神社参道

寺社や幕府の機関は、ほとんどこの六浦道に面していたのである。幕府成立期の鎌倉のメインストリートは、この六浦道だと評価できよう。

鎌倉のメインストリートといえば、鶴岡八幡宮の参道である若宮大路を思い浮かべる読者も多いはずだ。若宮大路は北条政子の安産祈願のために造築されたものだから、源頼朝の在世期から道自体は存在していた。しかし、若宮大路周辺はあまり水はけの良い土地ではない。鎌倉の谷から流れ出る水はこの若宮大路周辺を通って海へと流れていくが、排水路の整備されていない時期はこの一帯が湿地帯であったと考えられている。

発掘調査と同時に行われた土壌分析によれば、若宮大路周辺はイネ科の植物が繁茂していたと推測されている。そこに若宮大路は作られたのである。『吾妻鏡』養和二年（一一八二）三月十五日条には、若宮大路が北条政子の安産のためにまっすぐに作り直されたと記されている。この時には源頼朝がみずから指揮をとり、北条時政らが石や土を運んだという。石や土を運ばなければならないのだから、若宮大路周辺はそのままでは歩けないほどの湿地帯だったのであろう。

以上のことから、若宮大路を京都の朱雀大路になぞらえ、源頼朝が鎌倉に京都のような都市計画を想定していたと考える余地はほとんどない。かつては若宮大路を中心軸とした碁盤の目のような都市計画があったと解釈して、地図上に想定線を描くことも行われていた。しかし、これまでその想定線と一致するような道や遺構はまったく発見されていない。また、鶴岡八幡宮の南を東西に走る横大路が若宮大路と九〇度では交わっていないだけでなく、鎌倉にはまったくといっていいほど直交したり平行したりする道がないのだから、若宮大路を京都の朱雀大路になぞらえる都市計画を想定するのには無理がある。京都のような四角四面の条坊制があったと想定することはほぼ不可能だろう。繰り返すが、若宮大路は京都の朱雀大路になぞらえられるような道ではない。幕府成立期の鎌倉のメインストリートは、頼朝の御所や鶴岡八幡宮の南を東西に走る六浦道だったのである。

将軍御所と北条氏の邸宅

北条泰時の決断

幕府成立以来、将軍の御所は大倉にあった。源氏将軍が途絶えると、幕府は京都から摂関家の一族である三寅《みとら》を次の将軍として迎える。三寅は北条義時の大倉亭内に住まわされていた。義時の死後は政子が、そして政子の死後は時房がここに住んだことは先述した通りだ。義時は、三寅の将来の御所を造営することを考えていたようで、『吾妻鏡』貞応二年（一二二三）九月二十五日条には次のようにある。

奥州(義時)の御方に於いて、若君(三寅)の御亭を建てらるべき事、其の沙汰を経らる。日時定《にちじさだめ》あり。立柱・上棟の事、明年正月三日庚子、五日壬寅、御移徙《おんわたまし》四月十九日丙寅、吉日の由、親職《ちかもと》・晴賢《はるかた》、連署の勘文《かんもん》を献ず。伊賀二郎左衛門尉光宗《いがじろうさえもんのじょうみつむね》これを奉行す。

ここでは三寅の御所を建てることが決定されており、陰陽師《おんみようじ》によって立柱や上棟、引越の日程案まで出されている。一連の御所に関する『吾妻鏡』の記事には「御所造営」としか書かれていないので、義時としては御所を新築することしか考えていなかったようだ。方角などが問題となっていないことからすると、そのまま義時の大倉亭内に御所を造営するか、あるいは頼朝以来の大倉御所を新築するかのどちらかが念頭にあったのであろう。しかし、そうこうしているうちに義時が他界してしまう。そこで、六波羅探題から北条泰時がよびもどされることになった。

鎌倉に戻った北条泰時の体制は、当初は安定したものではなかったようだ。そんな彼を後押ししたのは北条政子である。『吾妻鏡』元仁元年（一二二四）閏七月一日条によれば、北条氏にとってもっとも危険な存在である三浦義村を自邸によび出した政子は、次の将軍となる三寅を抱えながら、泰時を中心とする体制に協力し三寅を将軍として支えるよう義村に命じたという。さすがの義村も、幕府創設者である頼朝の妻に言われたのでは表だって反抗できなかったようだ。

しかし北条政子も、その一年後の嘉禄元年（一二二五）七月十一日にこの世を去ってしまう。彼女の死の一ヵ月ほど前には、幕府創設の功労者である大江広元も七八年の生涯を閉じていた。源氏将軍が絶えた後、北条氏を中心とする鎌倉幕府を支えていたのは北条政子・義時の姉弟や大江広元である。この三人が相次いで倒れたのが承久の乱の後だったたのは、生まれたばかりの鎌倉幕府にとっては幸運なことではあったが、北条氏にとっては存亡の危機であった。特に政子の死を機に三浦氏が動き出しても不思議ではない。

泰時はここで勝負に出る。それは嘉禄元年十月三日のこと。父義時が始めた大倉御所新造構想を白紙にもどし、御所を若宮大路周辺に移転することを発表したのである。この時点で政子の死からわずか三ヵ月。動き出した泰時の行動は早かった。二ヵ月後の同年十二月二十日には、泰時の若宮小町亭に隣接する宇津宮辻子《うつのみやずし》に御所を新造して三寅をそこに移し、二十九日には三寅を八歳で元服させてしまう。政子の死から五ヵ月あまりで、泰時は御所の移転と三寅の元服を電光石火の如くやってのけたのである。

それまで三寅が住んでいたのは義時大倉亭であった。この邸宅には、義時の死後には政子が、政子の死後には六波羅探題から鎌倉に戻った時房が住んでいた。それは紛れもなく次の将軍を三浦氏をはじめとする他の勢力に連れ去られないためであった。しかし、泰時の邸宅は大倉ではなく小町にある。そこで泰時は、三寅のいる邸宅に自分が住むのではなく、御所を自分の邸宅の隣に引き寄せることで、将軍権力を抱え込むことをねらったのだ。義時大倉亭が破却され、そこにいた時房が宝戒寺小町亭に移ったのは先述の通りである。これも、旧御所を拠点に反北条氏勢力が動くことを警戒してのことであろう。こうして泰時の決断は吉と出た。

現在の宇都宮稲荷の脇を南北に走る道

宇津宮辻子御所はどこか

大倉から移転した御所は、一般に宇津宮辻子御所とよばれる。宇津宮辻子という道に面していたからだ。しかし、実はこの道がどこにあったのかよく分かっていない。唯一の手がかりは、今でも若宮大路東側に残る宇都宮稲荷という小さな神社の存在だけである。他に関連史料がない以上、この神社周辺に宇津宮辻子が通っていたと想定するほかあるまい。

かつては、辻子が若宮大路と小町大路を結ぶ東西に走る道だと解釈されていたので、宇津宮辻子も二つの大路の間を東西に結ぶ道だと思われていた時期もある。辻子が大路よりも小規模な道を指す語であることは、京都での用例などから明らかではあるが、宇津宮辻子の場合、必ずしも東西道である必要はない。むしろ南北に走る道だと考えるのが妥当である。それは次に掲げた『吾妻鏡』嘉禄元年（一二二五）十月十九日条から明らかだ。

　武州（泰時）御亭に於いて、相州（時房）已下《いか》御所の御地定あり。小路〈宇津宮辻子〉東西の間、何《いず》れの方を用いらるべきやの事、人々の意見区々《まちまち》。

　御所の移転先を相談したところ、宇津宮辻子という小路の東側と西側のどちらにするかで意見が分かれたという。御所をその東側に移転させるか西側に移転させるかでもめているのだから、宇津宮辻子は明らかに南北に走る道だと断定できる。現在の宇都宮稲荷は南北に走る道の途中にあるから、この道こそが宇津宮辻子と考えられよう。したがって、宇津宮辻子御所はこの道に面していたことになる。それでは、御所は結局この道の東側と西側のどちらに面していたのであろうか。それを教えてくれるのが、次に掲げた『吾妻鏡』嘉禄元年十月三日条だ。

　相州（泰時）・武州（時房）、御所に参り給ふ。当御所、宇津宮辻子に移さるべきの由、其の沙汰あり。又、若宮大路東頬《ひがしのつら》に建てらるべきかの旨、同じく群儀に及ぶと云々。

　ここでは、大倉にある御所を「宇津宮辻子」に移すことが決められているが、もうひとつの選択肢として、「若宮大路東頬」があげられている。御所の移転先には、はじめから

「宇津宮辻子」と「若宮大路東頬」の二ヵ所が候補地としてあがっていたのだ。「東頬」とは、東側に面しているという意味である。前掲の同年十月十九日条で見たような、宇津宮辻子の東と西のどちらに移転するかという問題は、おそらくはじめから想定されていた二ヵ所の候補地のうちのどちらに移転すべきかという問題を言い換えたものであろう。若宮大路の東側に宇津宮辻子がほぼ平行して南北に走っているから、「若宮大路東頬」といえば宇津宮辻子の西側ということになる。したがって、宇津宮辻子の東側か西側かという問題は、宇津宮辻子の東側か若宮大路の東側かという問題と同じなのである。『吾妻鏡』には、嘉禎二年（一二三六）に再び移転した御所は「若宮大路御所」と記されているから、再移転した御所は若宮大路に面していたと考えられる。したがって、一度目に移転した宇津宮辻子御所は、若宮大路に面していなかったのであろう。つまり、宇津宮辻子御所は宇津宮辻子の東側にあったのである。この御所が、泰時の若宮大路小町亭に北側で隣接していたことは先述の通りだ。

若宮大路御所への移転

宇津宮辻子御所に移った三寅は、元服して九条頼経《よりつね》と名乗るようになった。関東の水が合わなかったのか、彼は病気がちな少年期を送ったようだ。『吾妻鏡』では彼の体調が思わしくないことがしばしば話題となっている。『吾妻鏡』嘉禎二年（一二三六）二月一日条によれば、陰陽師の占いの結果、なかなか全快しない彼の病は、宇津宮辻子御所を造営した際に土を掘り返したことによる祟りだということになったようである。当時は、建物を建てるために土を掘る場合には土公《どこう》を鎮める土《ど》公祭《こうさい》という儀礼が行われていた。現在の地鎮祭のようなものだ。もちろん、宇津宮辻子御所造営の際にも土公祭は行われている。しかし、御所をわずか二ヵ月で完成させたことが、中世の人々には土公の祟りの原因に思えたのかもしれない。

土公の祟りを避けるためには、さらに土公を鎮める儀礼を行うか、よそに移るしかない。そこで、土公の祟りを避けるという名目で、嘉禎二年八月四日に御所は宇津宮辻子から移転することとなった。同じ敷地内の改築や建て直しでは土公の祟りを避けられないので、当然ながら新御所は宇津宮辻子とは別区画へと移されたはずだ。新御所は若宮大路御所とよばれているから、今度は若宮大路に面した地に移転したのであろう。宇津宮辻子御所は、足かけ十二年でその役目を終えることになった。

若宮大路御所の位置についても詳細は分かっていないが、旧御所の北側に移転したようである。御所移転から四ヵ月後の『吾妻鏡』嘉禎二年十二月十九日条には次のようにある。

> 武州（泰時）御亭、御移徙《おんわたまし》なり。日来《ひごろ》御所北方に新造せらるるところなり。檜皮葺《ひわだぶき》の屋ならびに車宿《くるまやどり》を建てらる。是《これ》、将軍家入御《にゅうぎょ》の為と云々。御家人等、同じく家屋を構ふ。

ここでは北条泰時が御所の北方に邸宅を新造したことが書かれている。泰時の新居には、将軍がいつ来てもいいように檜皮葺の建物や車宿が建てられたという。泰時の若宮大路小町邸は宇津宮辻子御所の北隣にあったから、その御所がさらに北側に移転したということは、御所が泰時亭の敷地内に移転してきたことを意味する。おそらく御所が移転してきたことに伴って、泰時はそれよりも北側に新しく邸宅を造営したのであろう。この後、鎌倉幕府滅亡まで将軍御所は移転することはなかった。

二度の御所移転の意義

かつて北条義時は、大倉に邸宅を持ち、後に覚園寺となる大倉薬師堂を建立するなど、大倉を拠点にしていた。義時の頃までは御所が大倉にあり、北条氏も大倉に拠点を構えて将軍権力とともに生きる存在だったといえよう。しかし、義時がこの世を去って泰時が六波羅から鎌倉に戻った頃の北条氏の基盤は不安定なものであった。関東の武士団は、個別では北条氏を上回る勢力を持っている場合が多い。一方で北条氏は、将軍権力とともにあることが最大の武器であった。そこで北条泰時は、最大の武器である将軍権力を独占して抱え込むことをねらったのである。宇津宮辻子への御所移転が決定からわずか二ヵ月で完了しているのも、泰時の強い意志の表れであろう。泰時政権が安泰ならばこれほど急ぐ必要はなかったはずだ。不安定だからこそ、泰時は電撃作戦を決行したのである。

宇津宮辻子への御所移転によって将軍権力を抱え込むことに成功した泰時は、評定衆を設置し御成敗式目を制定するなど、新たな幕府運営方針を次々に打ち出す。将軍権力を抱え込んだ泰時は、もうあわてる必要はなかったのであろう。むしろ幕府の制度を充実させることで、自分の権力基盤を安定させる方向に意を注いだようである。泰時の政策は合議による政権運営として高く評価されることが多いが、彼の立場が不安定であったからこそ、独裁に走れず、充実した幕府組織を作って幕政を運営する志向を帯びていったと評価することも不可能ではあるまい。

評定衆設置や御成敗式目の制定などの泰時による一連の政策が実行された後、嘉禎二年（一二三六）に御所は再び移転する。これが若宮大路御所である。この御所は泰時亭の敷地内にあったと考えられる。泰時はついに自分の邸宅の敷地内に将軍御所を取り込むにいたったのだ。これによって、他の御家人が将軍に会うためには泰時亭の敷地内を通らなければならないことになった。北条氏にとっては大きな大きな前進と評価できよう。二度の御所移転によって、泰時の政権は安定期を迎えたのである。

二度の御所移転は、鎌倉という都市にとっても大きな意味をもたらした。宇津宮辻子御所への移転と前後して、京都に適用されていた丈尺《じょうしゃく》制や戸主《へぬし》制とよばれる制度が鎌倉にも導入されるようになった。また、御所周辺の土地利用も変化している。小町大路周辺では、幕府成立期は小町大路に沿った土地利用が行われており、若宮大路周辺でも若宮大路とは関係なく建物が建てられていた地域もあった。しかし十三世紀後半になると、小町大路周辺でも若宮大路の軸線に沿った溝や建物が作られるようになり、若宮大路周辺でも基本的に若宮大路と平行あるいは直交する土地利用が行われるようになる。二度の御所移転を契機に、若宮大路周辺は、若宮大路を軸にした土地区画が行われるようになったのである。鎌倉に都市計画があったとすれば、北条泰時の時期に、御所周辺に限って、若宮大路を基準とした区画整備が行われたと想定できるだろう。若宮大路については後述するとして、次に泰時の跡を継いだ北条時頼の邸宅と将軍御所の関係を見てみよう。

北条時頼の誤算

北条時頼の立場が必ずしも安定したものではなかったのは先述した通りだ。彼は執権になっても相模守や武蔵守になれず左近将監のままだった。六波羅探題だった北条重時を連署に迎えたいという人事案も三浦泰村に一蹴されるような立場であった。宝治元年（一二四七）の宝治合戦で三浦氏が滅亡すると、ようやく時頼の願い通りに重時が連署となる。しかし、重時の邸宅は泰時・経時と継承されたものであったから、将軍御所も重時亭の敷地内にあった。幕政の重要な機関である評定所が造営されたのも重時亭内である。時頼は、北条氏最大の武器である将軍権力も、そして泰時によって整備された幕府制度も掌中に収めることができずにいたのである。重時が時頼に協力的だったからこそ、この時期の北条氏の権力基盤は安定していたのであろう。

しかし、時頼も無策だったわけではない。御所に隣接していないという弱みを解消するためか、時頼は三度目の御所移転を発案したようである。『吾妻鏡』宝治元年十月十四日条には次のように記されている。

> 御所を他方に移さるべきや否やの事、日来《ひごろ》其の沙汰あり。遂に改むべからざるの由、治定《じじょう》す。即《すなわ》ち今日、其の趣を仰せ出さる。是、嘉禎二年、武州（泰時）前吏禅室、殊《こと》其の地を選び、当幕府を新造せらるるの後、数年の涼燠《りょういく》移りおわんぬ。今更いずれの勝地を用いらるべきやの由、有職の人、傾き申の故なりと云々。

この記事によれば、御所の移転が発案されたものの移転はしないという結論になったという。その理由は、今の若宮大路御所が泰時によって念入りに選定された土地だからというものであった。結局、この時の御所移転は実現せずに終わる。

『吾妻鏡』の前後を見ても、御所移転を発案したのが誰なのか書かれていない。また移転に反対した人の名前も、具体的には分からない。しかし、御所の移転を発案できる立場の人間は限られており、それに反対して実現させない立場の人間も限られている。名もない御家人や奉行人の発案・反対では、御所を移転するかどうかは議論の対象にもならないだろう。発案者も反対者も幕府内で有力な人物でなければなるまい。したがって、ここでの発案者が時頼で、反対したのは重時だったのではないかと想定することができる。時頼

現在の小町大路
左側が時頼亭（現在の宝戒寺），右側が重時亭推定地．

に対してかなり好意的な記述の多い『吾妻鏡』が、時頼の失敗をあからさまに記すとは思えないから、あえて時頼の名前を伏せたのではないだろうか。つまり『吾妻鏡』のこの記事は、時頼が自分の邸宅の敷地内に御所を移転させようとしたが重時の反対によって失敗したと読むことができるかもしれないのである。

また『吾妻鏡』建長三年（一二五一）十月十九日条では、御所の艮《うしとら》（北西）の方角に評定所を新造しようという話が持ち上がっているが、これも実現していない。若宮大路御所は重時亭の南側にあったから、そこから北西は時頼のいる宝戒寺小町亭の方角である。『吾妻鏡』には時頼・重時および評定衆が集まって相談したとあるが、この新造の発案者も、もしかしたら時頼だったかもしれない。なぜなら、もしこの移転が実現すれば、幕府の中枢である評定所が時頼の邸宅に近付くからである。この計画が時頼亭内への評定所の移転を目指したものであった可能性すらある。しかし、御所移転計画と同様に評定所移転計画も実現しなかった。幕府にとって重要な御所と評定所の移転が計画されることも、また移転が廃案になることも、どちらも同様に大きな政治的意味を帯びているだろう。時頼がもし、従来いわれているような大きな権力を持っていたならば、むりやりにでも移転を強行できたはずである。それができなかったのは、時頼の力が及ばなかったからではないだろうか。少なくとも、御所や評定所の移転を実現できなかったように、すべてを自分の思い通りに動かすことはできなかったのである。

若宮大路とは何か

若宮大路が、源頼朝の都市計画の基軸ではないことは先に述べた通りだ。しかし『吾妻鏡』の世界の中でも、また現在においても、若宮大路は鎌倉の中では子午線の役割を担っている。『吾妻鏡』で東西南北の方角が記されている場合には、若宮大路を南北の子午線と考えないとつじつまが合わないことがほとんどだ。現在でも鎌倉を歩けばその感覚は理解しやすい。ただし、そのことと若宮大路が鎌倉の都市計画の基軸となっていたこととは同義ではあるまい。若宮大路を京都の朱雀大路になぞらえるのは大きな誤解にもとづく見解である。

若宮大路の大きな誤解

若宮大路に関する誤解は他にもある。その例を二つほど示そう。ひとつ目は、若宮大路には数ヵ所の「釘貫《くぎぬき》」とよばれる方形の広場があって、そこからしか若宮大路に入ることができなかったから、若宮大路は軍事的な防衛線の役割を果たしていたという誤解である。もうひとつは、若宮大路は聖なる道なので一般人が通行することはできず、そのため御家人の屋敷も若宮大路に背を向けて建てられていたという誤解である。

まずはひとつ目の誤解を修正しよう。日本でもっとも大部で詳細な国語辞典である『日本国語大辞典』（小学館）によれば、「釘貫」とは鳥居の左右や墓の周囲にある簡単な柵のことであり、方形の広場という意味は全くない。また鎌倉時代の様子を示す『吾妻鏡』には「釘貫」という言葉さえ登場しない。若宮大路の三ヵ所の下馬に釘貫があったとするのは江戸時代に編纂された『新編相模国風土記稿』の記載が最初である。したがって、「釘貫」からしか若宮大路に入ることができなかったというのは江戸時代以来の大きな誤解であり、若宮大路が防衛線の役割を果たしていたというのもそこから派生した勘違いに過ぎないのである。鎌倉の中で勃発した和田合戦や宝治合戦、あるいは幕府滅亡の戦いにおいても、若宮大路が防衛線として機能していた様子は全くうかがえない。

次に、若宮大路が聖なる道で一般人は通行することができず、御家人の屋敷も若宮大路に背を向けて建てられていたという二つ目の誤解を検証してみよう。確かに若宮大路は鶴岡八幡宮の参道であることは間違いない。しかし、だからといって一般人が通行を禁止される理由にはなるまい。たとえば『吾妻鏡』元暦二年（一一八五）五月十六日条には、源氏と戦った敵将の平宗盛が鎌倉に連行されてきた際に、その通り道である若宮大路や横大路では宗盛の姿を一目見ようと集まった人々が群れをなしていたという。一種の見せしめとして鎌倉を引き回されている宗盛を大勢の人々が見物したのだから、若宮大路にも多くの人々が集まったことであろう。したがって、一般人が若宮大路への出入りを禁止されていたとは到底考えられない。

さらに、『吾妻鏡』仁治二年（一二四一）十二月二十七日条には「若宮大路東頬《ひがしのつら》米町」という表現が登場する。米町とは、現在の大町にある米町とは異なる地域だが、鎌倉幕府が町屋を認めた地域のひとつであった。町屋では年貢が換金されたり交易が行われたりしていたから、「若宮大路東頬米町」もそうした市場のような性格を持つ場所だと考えられよう。つまり、若宮大路の東頬（東側に面した地域）に市場があったのである。この町屋にやってくる人々が若宮大路にも立ち入ったと想定することは十分に可能であろう。ここでもやはり、一般人は若宮大路に自由に出入りできたと評価せざるを得ない。

また、御家人の屋敷が若宮大路に背を向けていたという説を裏付ける確たる証拠もない。『吾妻鏡』仁治二年（一二四一）十一月二十九日条によれば、若宮大路の西頬《にしのつら》には「好色家」が住んでおり、ここで三浦泰村《みうらやすむら》・光村《みつむら》・家村《いえむら》らが酒宴を繰り広げていた。この時、東頬でも結城朝広《ゆうきともひろ》・小山長村《おやまながむら》・長沼時宗《ながぬまときむね》らが宴会を催しており、酔った勢いで結城朝村《ともむら》が放った矢が三浦の宴会の席に飛び込んでしまったために両者が喧嘩になったという。若宮大路は矢が道をはさんで飛び込んでしまうような物騒な道であり、道の両側では御家人たちが酒宴を開いていたのである。酔っぱらった武士が矢を放ち、道をはさんで喧嘩が始まるようなことが若宮大路でおきていたという状況を踏まえると、御家人の屋敷は若宮大路に門を開いていたと考える方が常識的だろう。若宮大路は誰にでも開かれた道だったのである。

大きな誤解の背景

こうした誤解が生じた背景には、明治以降の神仏分離と神道重視による鶴岡八幡宮の地位の変化があったと考えられる。鎌倉市教育委員会が一九七一年（昭和四十六）に刊行した『としよりのはなし』では、一九六八年当時、雪ノ下に住んでいた九〇歳の吉田庄次郎氏が「ここらは八幡さまの参道に面していたから、葬式のときは、段葛《だんかずら》は青竹をぶっちがいにして通った」と話したという。人の死による穢《けが》れが若宮大路や鶴岡八幡宮という聖域全体に及ばないように、青竹を組んで穢れが広がるのを防いだのであろう。また同書には、一九六五年当時、小袋坂に住んでいた七〇歳の川瀬瀧三氏の話として「死亡後は親戚で三十五日、四十九日、百か日とちがう（ママ）が、三親等までは、二ノ鳥居まで八幡宮の神前を横切らない。十二所や浄明寺方面行の葬儀等はもちろん、いまの警察署の脇まで行って曲がった」と記している。ここでも、人の死という穢

明治時代の廃仏毀釈によって破壊される前の鶴岡八幡宮大塔
（F. ベアト撮影，横浜開港資料館所蔵）

れが若宮大路や鶴岡八幡宮という聖域に及ばないような配慮があったことが分かるだろう。

彼らの話はもちろん傾聴に値する。彼らが語っている対象となっている時期は、明治後半から大正、昭和初期にかけての頃であろう。この時期には、若宮大路や鶴岡八幡宮が聖域だと思われていた。そのために、人の死という穢れから守らなければならない場所だったのである。ただし、こうした発想が鎌倉時代まで遡るとはかぎらない。明治維新前後の鶴岡八幡宮が荒れるに任せるような状態だったことは同じ『としよりのはなし』に登場しており、江戸時代に鎌倉のことを描いた絵図も、若宮大路周辺は耕作地であるように描写されている。したがって江戸時代には、鶴岡八幡宮も若宮大路も、それほど聖域として意識されていなかったと考えられよう。つまり、鶴岡八幡宮や若宮大路を聖域と見なす意識は、明治時代中頃以降から表れてきたものかもしれないのである。

明治時代以降には、神道を尊重させようとする政府の方針で鶴岡八幡宮への敬意も助長されていたはずだ。その影響で鶴岡八幡宮も若宮大路も聖域と見なさなければならないという風潮が醸成されていたとしても不思議ではない。鎌倉時代における若宮大路も聖なる道として一般人の出入りを拒み、御家人が屋敷の門を開くことができないと現代人が誤解を抱いてしまう背景には、戦前に神道に対して過剰なまでに崇拝が強制されていたという事情があるのではないだろうか。歴史を知るためには今でも現地に残る伝承や言い伝えを丹念に調べることの価値は大きいが、それがすべて過去までさかのぼるかどうかについては、慎重な態度をとらなければなるまい。

側溝にかける橋

現在でも若宮大路周辺の発掘調査では地下水の湧出に悩まされることが多い。発掘調査の前に湧水との戦いに勝たなければならないのである。鎌倉時代の若宮大路の東西にも、排水のために側溝が作られていたようだ。この側溝にむけて汚物を流すようなトイレもあったらしい。中には、用を足すと斜めに埋め込まれた木組みの溝に沿って汚物が若宮大路の側溝に流れ込む仕組みのものもあった。若宮大路の側溝近くにはトイレと考えられる遺構がすでに三、四ヵ所は発見されている。若宮大路を聖域として清らかな道とする発想は、少なくともトイレの遺構の存在からは感じ取ることができない。やはり若宮大路を聖域と考える発想は鎌倉時代にはなかったと考えるべきであろう。

一八四ページの図で若宮大路西側に示した地点3の発掘調査（一八五ページ参照）でも、トイレの遺構が発見されている。このトイレの横には、目隠しのためだと考えられる塀があり、塀の脇には若宮大路へとむかう道が検出された。さらにこの道の東端には若宮大路の側溝にかかる橋があったことも分かっている。このような若宮大路の側溝にかかる橋の事例は他にもあるようだ。若宮大路に出るための道があり、大路の側溝には橋がかけられていたということは、若宮大路に一般人が自由に出入りできたことを端的に示していよう。若宮大路に一般人が出入りできないという認識が、誤解であることがよく分かる。

若宮大路の側溝はもちろん若宮大路と平行しているが、この地点の発掘調査で検出された道や塀、建物などは基本的に若宮大路を軸としていない。これらの遺構は若宮大路とは九〇度ではなく約八六度で交わっているのである。若宮大路の西にある現在の小町通りに

若宮大路周辺遺構図

（馬渕和雄・原廣志「北条小町邸跡（泰時・時頼邸）雪ノ下一丁目三七七番七地点」『鎌倉市埋蔵文化財緊急調査報告書12（第2分冊）』1996年より作成）

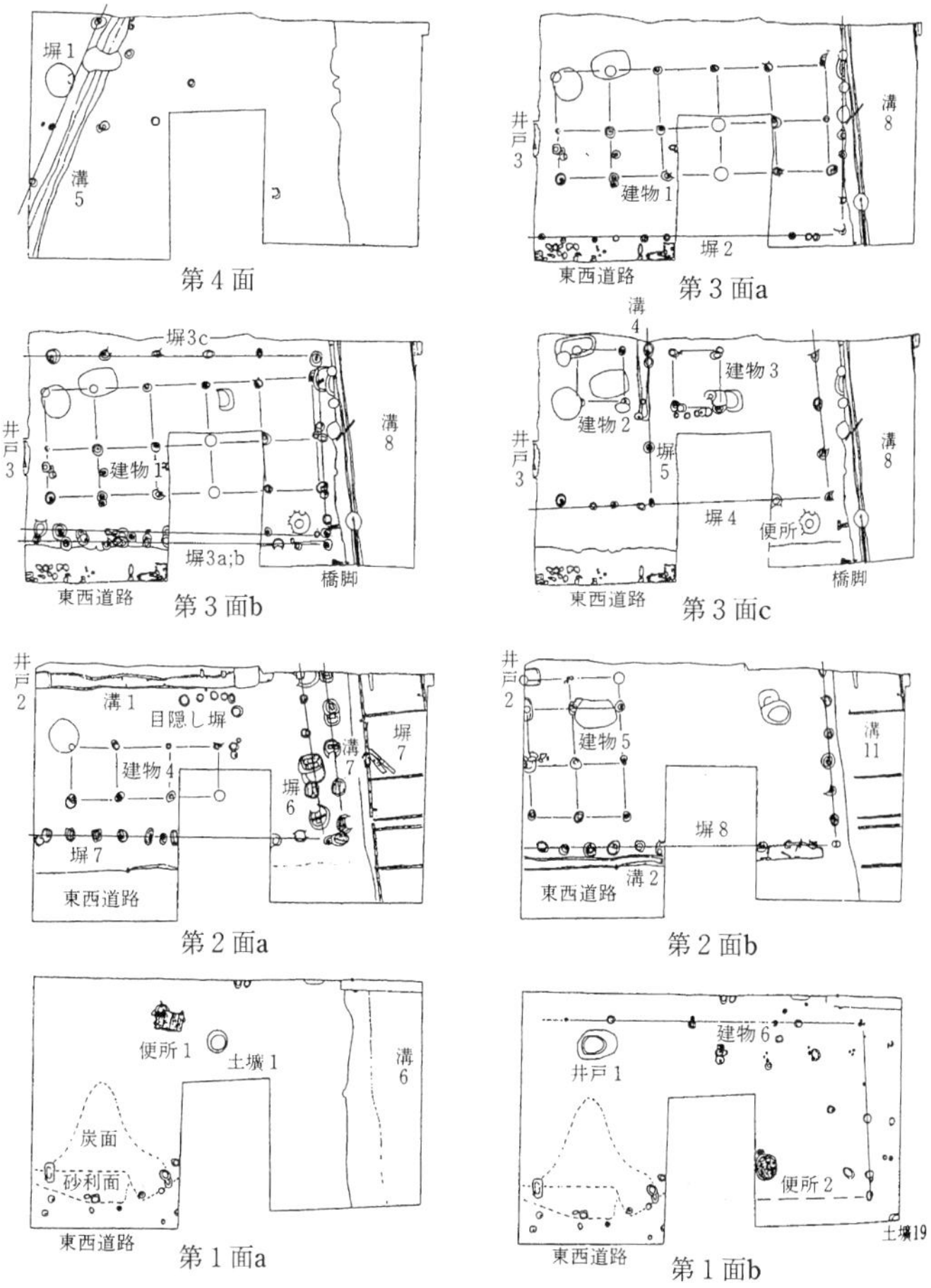

地点3遺構図

(宗臺秀明「北条時房・顕時邸雪ノ下一丁目二七二番地点」『鎌倉市埋蔵文化財緊急調査報告書14(第1分冊)』1998年より作成)

近い地点（一八四ページ若宮大路周辺遺構図の地点4）で検出された遺構も、十三世紀前半までは八七度弱で若宮大路にまじわる方向で建てられている。二つの遺構と若宮大路との傾きは、実は横大路と若宮大路の交わる角度と一致している。つまり、若宮大路の西側では、少なくとも十三世紀前半までは横大路と平行するような遺構が存在するのである。この一帯には横大路を軸とした土地区画が施されていたと考えることも可能であろう。このことからも、若宮大路を朱雀大路になぞらえるような都市計画があったとは考えにくい。

若宮大路の側溝

若宮大路の側溝は、東側か西側かを問わず排水のための施設であった。この側溝が軍事目的の防衛線として作られたものだとする説もあるが、これを証明する根拠は乏しい。なぜなら、鎌倉の市街戦で側溝が軍事目的で使われた形跡はほとんどないからである。一方で、この側溝に向けられたトイレがあること自体、側溝が排水施設であったことを示している。さらに側溝が排水施設であることの根拠をいくつか提示しよう。

若宮大路の側溝は時期を追って次第に精密な構造を持つようになることが、これまでの発掘調査から分かっている。幕府成立当初の十二世紀末から十三世紀前半には、側溝の断面がV字型のもの、あるいは底が平面となっていてそこから上に向かって広がっていく逆台形のものが作られていた。これらは面倒な工事の必要がない、地面を掘りくぼめるだけの簡素な工法である。しかし十三世紀中頃には、断面が長方形あるいは正方形となり、側溝の側面と底面に板を並べ杭などで固定するような木組みの構造を持つようになる。こうした側溝を作るためには、地面を掘りくぼめたあとに杭を打ち込んで板を並べ、板や杭が側溝の内側に倒れ込まないように、杭の外側にもうひとつ杭を打ち込んで側溝の杭とつなぎ合わせる作業が必要であった。

詳しい工法はともかく、十三世紀中頃以降の側溝は、それまでのものと比べて明らかに手間がかかるようになったのである。側溝がもし防衛のための堀のようなものだとしたら、板を並べて底面を補強する必要はあるまい。底面に板が敷かれると、むしろ人が側溝を渡りやすくなる。わざわざ手間をかけて渡りやすい防衛線を築くはずはない。若宮大路が軍事目的の防衛線だとする考えは、否定せざるを得ないだろう。

また、若宮大路周辺の一帯では、若宮大路に限らず道に排水施設が伴っていることがほとんどである。発掘調査の成果によれば、若宮大路の側溝とそれに接続する溝との関係は、時期によって異なるらしい。具体的には、どちらの溝から水が流れ込んでいたのかが変化するというのである。十三世紀前半には若宮大路の側溝から東西方向へ向かう溝へと水が流れ込んでいたのが、十三世紀後半になるとその関係が逆になるという。つまり、東西方向の溝から若宮大路の側溝へと流れ込むようになる形跡があるのだ。

先述のように若宮大路周辺は湿地帯だったから、そこに住むにはどのように排水するかが一番重要な問題であった。十三世紀前半に若宮大路の側溝から水があふれるように東西へと流れ出していたということは、大路の側溝の排水能力がそれほど高くなかったことを示していよう。側溝の形状がV字型あるいは逆台形型で木組みを伴っていないことからしても、効率の高い排水は望むべくもない。しかし、側溝が木組みを伴うようになる十三世紀中頃以降には、排水能力が格段に強化され、周囲の溝から流れ込んでくる水も受け入れられるほどになっていたのであろう。若宮大路側溝の構造が変化する時期と、周囲の溝との関係が逆転する時期が、十三世紀中頃でほぼ一致するのも偶然ではあるまい。十三世紀中頃に、若宮大路の側溝はより効率の良い排水施設として整備されたのである。これをふまえると、若宮大路の側溝は軍事ではなく排水を主たる目的として作られたと考えるのが妥当であろう。

こうして整備された若宮大路の側溝からは、御家人の名前を記した木簡《もつかん》が出土している。これらの木簡は、溝の造営を幕府から割り当てられた御家人の名前を記したものだと考えられている。たとえば一九〇・一九一ページに掲げた木簡には、「二一けん　かわしりの五郎」「二一けん　まきのむくのすけ」「二一けん　ぬきの二郎」と記されていた。「二一けん」は担当する長さを示すのであろう。幕府は側溝を一定の距離に区分し、それぞれの部分の溝を御家人に造営させていたのである。木簡はその目印として側溝近くに差し込まれていたのであろう。今までのところこうした木簡は、若宮大路の側溝と小町大路周辺の若宮大路に平行する溝からしか見付かっていない。これらの溝に囲まれた地域には、若宮大路御所があった。したがって、幕府が御所の周辺における溝の整備を御家人に命じて行わせていたと考えることができよう。若宮大路やその周辺の溝は、幕府が主導して整備していたのである。将軍御所が大倉から宇津宮辻子へと移転したのが嘉禄元年（一二二五）、若宮大路御所に将軍が移ったのは嘉禎二年（一二三六）のことである。おそらくこれらの御所移転に伴って御所周辺の排水路が整備され、若宮大路の側溝も木組みを伴う構造を持つようになったのであろう。

鎌倉の都市計画

御家人の名前が記された木簡のうち、ひとつだけ若宮大路の側溝以外から出土したものがある。一八四ページ若宮大路周辺遺構図の地点1の発掘調査によって検出されたのがそれだ。地点1の遺構の概念図を一九三ページに掲げた。小町大路に面したこの地点では小町大路の側溝が検出された。それが遺構概念図の東側にある溝である。この側溝は十三世紀前半に初めて作られ、十三世紀半ば頃から木組を伴なうようになったらしい。小町大路の側溝も、若宮大路の側溝と同時期に木組み構造を持つようなものに作りかえられたのであろう。

若宮大路側溝から出土した木簡
（鎌倉市教育委員会『鎌倉市埋蔵文化財緊急調査報告書一二（第二分冊）』一九九六年より）

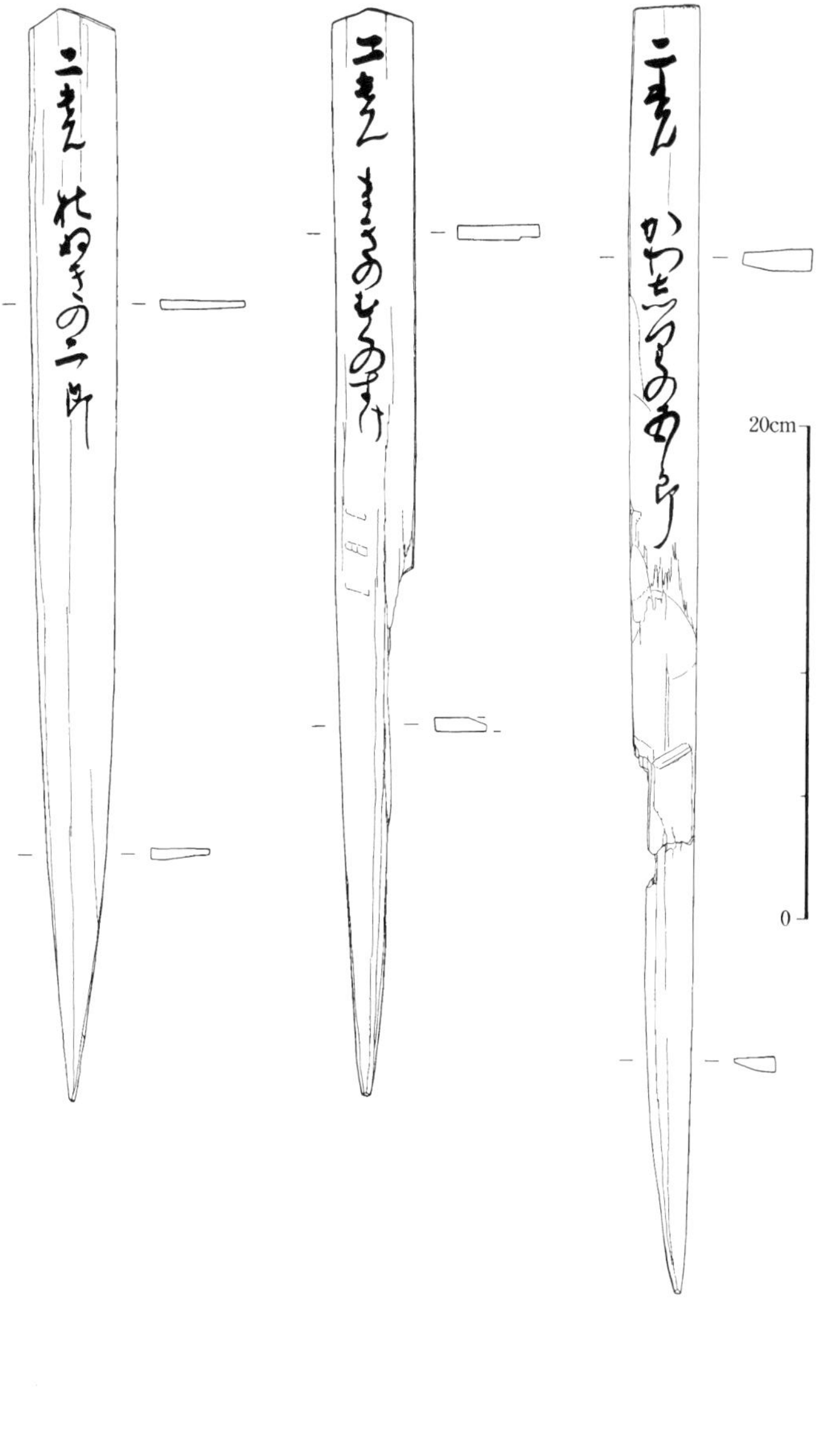
20cm
0

木簡出土地点周辺から鶴岡八幡宮をのぞむ

　小町大路沿いに小町大路の側溝があるのは当然だ。しかしこの調査区では、西側で若宮大路と平行する溝も検出された。そしてこの溝からは、御家人の名前を記した木簡が出土したのである。これが若宮大路の側溝以外で初めて見つかったものである。この木簡の持つ意味は大きい。御家人の名前が記された木簡が出土したということは、この溝が幕府の主導のもとで御家人が造営を分担させられたものであったことを意味する。したがってこの溝は、若宮大路の側溝と同様に、御所などの幕府機関を囲む溝だったことになる。つまり、この溝が幕府関連の敷地を区切る溝だと考えられるのだ。

この調査区で発見された方向の違う二つの溝は異なる時期に作られた。遺物などの年代観にしたがえば、東側にある小町大路の側溝が十三世紀前半に作られ、それが十三世紀半ば頃に木組となった後、十三世紀の後半に西側の若宮大路に平行する溝が作られたと想定できる。小町大路に面するこの地点では、十三世紀前半まで小町大路に沿った土地利用をしていたのであろう。そして十三世紀の後半になってようやく、小町大路沿いの地域にまで若宮大路を軸とした区画が影響を及ぼすようになったと考えられる。若宮大路の側溝は十三世紀初頭から存在するから、若宮大路の軸線が小町大路沿いの地域まで影響を及ぼすようになるのに半世紀近くかかったことになる。

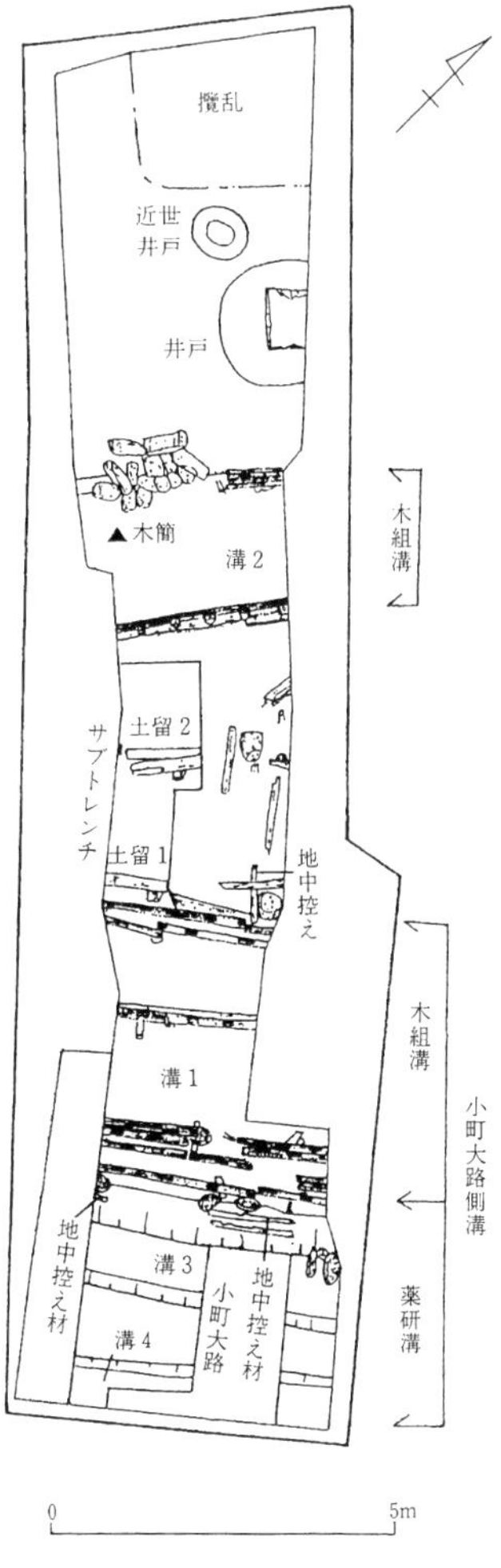

地点1の遺構概念図
(原廣志「宇津宮辻子幕府跡」『木簡研究』21，1999年より作成)

宇津宮辻子御所や若宮大路御所への御所移転は十三世紀中頃であったから、こうした溝の変化が御所移転を契機にしていたとは考えにくい。しかし若宮大路御所は何度か建て直されているので、その際の新造工事によって少しずつ若宮大路の影響が小町大路にまで及ぶようになったと考えることは可能だろう。むしろ十三世紀前半は若宮大路の影響がないことにこそ注目しなければなるまい。小町大路沿いという若宮大路に近い場所でも、若宮大路を軸とするような区画はなかったのである。やはり若宮大路を朱雀大路になぞらえるような都市計画はなかったと考えるほかあるまい。

これまで繰り返し述べてきたように、若宮大路を朱雀大路になぞらえて四角四面の土地区画を行う条坊制のような都市計画は鎌倉にはなかった。また、造成当初の若宮大路は湿地帯に作られた道であり、側溝の構造も簡素で排水能力も高くはなかった。しかし御所が大倉から若宮大路周辺に移転してしばらくした十三世紀後半になると、側溝は木組みを伴うようになって排水能力も向上し、御所と周辺の北条氏の邸宅も整備されるようになる。その結果、小町大路沿いの地域にまで若宮大路と平行した溝が作られるに至ったと考えられる。十三世紀後半以降に、若宮大路周辺に限って、若宮大路を軸とした土地区画と側溝整備が行われていたのである。この時期、この地域に限って行われた整備は、鎌倉の都市計画と名付けるのにふさわしいだろう。

鎌倉の求心力

鎌倉幕府の「独立」

本書の最後に、鎌倉という都市を、鎌倉幕府という政権とともに当時の社会全体の中に位置付けてみよう。鎌倉幕府の成立期には、幕府の側も朝廷の了解をとりつける努力をしていた。しかし、それはあくまでも朝廷に対する政治的な配慮であり、それらがなくとも幕府は独自に動けたのではないかと考えられる。実際に源頼朝は、奥州藤原氏を征伐する際に事前の院宣《いんぜん》発給を求めていたが、後白河上皇がそれを渋ったために、頼朝は院宣を待たずに出陣してしまう。院宣はそれを追認するかのようにあわてて出されているのだ。朝廷と幕府の関係は時期によって異なるだろうが、幕府は朝廷の面目をつぶさない程度に配慮しながら、独自に展開していったと考えられる。こうした朝幕関係の全体を見渡すのは今後の課題にするとして、ここでは承久の乱前後に絞って両者の関係を見ていこう。

実は幕府成立期から、幕府内で将軍を天皇と同等に扱おうとする慣行があった。御所を裹《つつ》むという行為である。古来から、日食や月食の際の光は不浄なものとされ、天皇がそれに当たってはいけないと考えられていたようだ。京都では天皇の御所を布で包み込むようにしてこの光が天皇の身体に届かないようにしていた。これと同じことが、どうやら源頼朝の時期から行われていたらしい。将軍の御所も、天皇の御所と同様に、日食や月食の際には布などで包み込まれていたのである。そもそも御所という語そのものが、原則的に天皇にしか使われないものであった。それが少なくとも『吾妻鏡』には将軍の居所にも用いられていることこそ、天皇と将軍とを同格に見る思想の表れであろう。

その幕府が朝廷と軍事的に直接対決の時を迎えたのが、承久三年（一二二一）に起こった承久の乱である。後鳥羽上皇が西国の武士を中心に軍隊を編成し、北条義時を倒すように命じたが、戦闘はすぐに終わって幕府軍が勝利を収めた戦いのことだ。これによって朝廷に対する幕府の優位は決定的となった。この承久の乱と前後して、朝廷から「独立」しているかのような政策を幕府は展開していく。

たとえば、大仁王会《だいにんのうえ》が承久の乱前後から鶴岡八幡宮で行われるようになったことがその一例としてあげられる。大仁王会は鎮護国家の法会であり、これを行うことは公家政権の独占的な権限であった。それを幕府が行っているのだから、幕府は「独立」した国家的性格を持つと評価して問題あるまい。大仁王会は宗尊親王期には毎年開催されるようになっていたから、この時期までには、完全に鎌倉幕府は朝廷から「独立」していたといえよう。

朝廷が独占していた行事を幕府が行うようになった例はほかにもある。陰陽師《おんみようじ》による四角四境祭《しかくしきようさい》という儀式である。承久の乱の二年前、三代将軍の源実朝が暗殺されたことに怒った後鳥羽上皇は、鎌倉に滞在していた陰陽師の所職《しよしき》を停止した。現代風にいえば、彼らをクビにしたのである。解雇された陰陽師たちは、鎌倉幕府の小侍所御簡衆《ごかんしゆう》に迎えられた。幕府に所属する陰陽師として再雇用されたのである。彼らは、都市内部を清める四角四境祭を鎌倉で初めて行っている。四角四境祭はそれまで京都でしか行われたことがない。それが鎌倉で実行されたことの意味は大きい。鎌倉は京都と対等の関係になったのである。

おそらく関東の御家人たちは、鎌倉を京都と並ぶ自分たちの都と思っていただろう。一方で京都の皇族や貴族は、鎌倉が東国の未開の地にある片田舎で、幕府は田舎侍が徒党を組んでいるだけの集団だと思っていたのだろうか。ここに彼らの意識を記した興味深い史料がある。十三世紀中頃の貴族である藤原定嗣《さだつぐ》の日記『葉黄記《ようこうき》』だ。この日記の宝治元年（一二四七）六月十日条には「承久以後、関東と洛中とは他に異なる」とある。承久の乱後は鎌倉と京都はともに他の地域とは異なる特別な地域だと認識されているのだ。並列とか対等というように感じていたのかどうかは別問題だが、鎌倉を特別な地域だと思っていたことは確かだろう。実際に戦争をして負けているのだし、京都から見た鎌倉幕府の存在は、少なくとも承久の乱より後はかなり大きなものとなっていったはずである。

幕府の側も、承久の乱後には将軍御所を警備する鎌倉大番役をはじめとした御家人の恒《こう》例役《れいやく》を制度化するなど、政権としての体制を整えていった。特に鎌倉大番役の制度化は大きな意味を持つ。なぜなら、それまで武士が交代で警備をするのは天皇の御所だけだったからである。平安時代末期にはすでに行われていた天皇御所を警備するこの仕組みは、鎌倉幕府によって京都大番役として制度化された。それが承久の乱後には鎌倉の将軍御所にも適用され、鎌倉大番役が成立したのである。小学校の掃除当番のように交代で何かを勤めることを番役というが、「大」がつく番役はそれまで京都大番役だけであった。その大番役という語が鎌倉にも用いられるようになったということは、鎌倉が京都と対等であり、天皇の御所と将軍の御所とが同格であると幕府が考えていたことの表れであろう。こうして、鎌倉幕府は実質的に朝廷から「独立」していったのである。

裁許の求心力

「独立」を果たした鎌倉幕府は、次第にさまざまな求心力を持つようになっていく。ここでは、裁許の求心力、経済の求心力、宗教の求心力の三点に絞って、鎌倉の求心力を見ていこう。

まずは裁許の求心力だ。鎌倉幕府は紛争の調停機関として期待されていた側面があるから、鎌倉には自分に有利な幕府の判決を求める人々が集まってきていた。それを象徴するのが「在鎌倉」という言葉の誕生である。「在鎌倉」が「ざいかまくら」と読まれて熟語化したのが明確なのは、大音《おおと》文書に収められている正和三年（一三一四）十一月二十六日の源某下知状にある「訴訟未断に依り、不退在鎌倉の上」という表現である。訴訟が解決しないために在鎌倉が続いているというのだ。鉄船寺《てっせんじ》文書に残された元亨四年（一三二四）六月十八日付の円恵譲状にも、「しかるに近年訴訟に依り、在鎌倉の処」とあり、訴訟のために在鎌倉していると記されている。「在鎌倉」という語には、単に鎌倉に滞在するというだけでなく、幕府の裁許を得るために鎌倉に滞在するという意味も言外に含まれるようになったと考えられる。

訴訟のために鎌倉に滞在する人が増えれば、当然彼らの宿泊地も必要になる。京都にある東寺《とうじ》が持っていた所領である弓削島《ゆげしま》の雑掌《ざつしょう》として、訴訟のために鎌倉に滞在した加治《かじ》木頼平《きよりひら》が、必要経費を東寺に請求している文書には、「在鎌倉用途」五三貫五五〇文のほかに「宿料」として六貫文が計上されている。加治木頼平は東寺の代理人として訴訟のために鎌倉に滞在し、宿に宿泊していたのである。食費などは別に計上されているから、純粋な宿泊料が年間で六貫文かかっていることになる。鎌倉には、訴訟のためにやってくる人々のための「宿」とよばれる有料の宿泊施設があったことは明らかであろう。

すでに本書「鎌倉の御家人」で見た渋谷定心の置文にも、鎌倉の屋地を兄弟には貸さないけれども他人は宿泊させることがよく見られると記されていた。また文学作品の中でも、鎌倉で裁許を待つ『十六夜日記』の作者は月影谷《つきかげがやつ》に宿していたというし、『とはずがたり』の主人公も大倉に宿をとったと記している。鎌倉には、特に訴訟のためにやってくる人々のために「宿」という宿泊施設があったことは間違いないだろう。

鎌倉幕府の裁許の影響力は時代とともに強くなっていった。その結果、より高次の裁許を得るために鎌倉にやってくる人々の数もより多くなっていく。十四世紀前半には、彼らのためにいくつもの書物が編纂された。その代表格が『沙汰未練書』である。この書物は幕府訴訟手続きの解説書であり、元応元年（一三一九）から元亨三年頃に成立したと考えられている。鎌倉の裁許の求心力が向上したからこそ編纂された書物であろう。このほかにも、裁許に携わる評定衆を弘安七年（一二八四）分まで載せた『関東評定衆伝』や、歴代将軍・執権・連署・六波羅探題を記す『将軍執権次第』、天皇・摂関・将軍・執権・連署・六波羅探題・問注所政所両執事などを記す『鎌倉年代記』や『武家年代記』などがこの頃に成立している。裁許を下す強力な政権である鎌倉幕府の人事情報は時とともに重要性を増し、さまざまな書物が編纂されて、幕府の裁許を必要とする人々の需要に応えていたのである。これも鎌倉の持つ裁許の求心力がもたらした現象であろう。

経済の求心力

　鎌倉が持つ求心力は裁許という政治的な性格のものだけではなかった。鎌倉幕府の御家人たちは、特に承久の乱の後には西国にも所領を持つようになったから、その年貢は京都や鎌倉を経て彼らの手許に届くようになった。鎌倉は物資の中継点としても、年貢の換金場所としても強い存在感を示すようになったのである。

　それを裏付けるのが、鎌倉の浜地に建ち並んでいた倉の存在である。『吾妻鏡』寛元三年（一二四五）五月二十二日条には、武蔵守であった北条経時が武蔵国からの収入を保管する浜御倉《はまのみくら》を持っていたという記事がある。鎌倉の浜には、発掘調査で多くの竪穴建物が検出されており、その最盛期は十三世紀前半から十四世紀前半だという。主に若宮大路二ノ鳥居よりも南に分布しているようだ。これらの竪穴建物は、その構造などから倉庫であったと考えられている。経時の浜御倉に代表されるように、鎌倉の浜は無数の倉庫が建ち並ぶ倉庫街のような様相を呈していたのである。

『吾妻鏡』寛元四年（一二四六）十二月二十八日条には、ある人物が幕府の台所に入り込んでしまったという記事がある。その理由を『吾妻鏡』は次のように記している。

　重経の丹後国《たんごのくに》の所領の徳分物《とくぶんもつ》を運び送る疋夫、去る比《ころおい》財産を荷負いながら逐電《ちくでん》しおわんぬ。諸方を相い尋ぬるの処、只今米町の辺りに於いて、適《たまたま》見逢うといえども、追い奔《はし》るの処、度を失い推参の由、之を申す。

紀伊重経《きいしげつね》という人物が丹後国（現在の京都府）に持っていた所領の年貢（徳分物）を鎌倉まで運んできた疋夫が、その年貢を持って逃走（逐電）したというのだ。その疋夫を探したところ、米町で彼が見付かった。しかし彼が逃げ出して御所まで逃げ込んだので、追っ手も御所の台所まで入ってしまった。以上が「ある人物」が御所まで入ってしまった理由だというのである。

この史料からは、紀伊重経が持つ丹後国にある所領の年貢が鎌倉にまで運ばれてきていたことが分かる。紀伊重経は幕府の御家人であろう。丹後国から年貢を運んできた疋夫は、年貢を横領して米町でそれを換金しようとしたと考えられる。この記事からは、幕府御家人の収入が鎌倉に集まってきていることや、米町で米などの年貢が換金されていることなどが推定できる。御家人の収入は鎌倉の浜にある倉に納められ、必要に応じて米町などの町屋で換金されていたのであろう。鎌倉は御家人の収入が集まる物資の集積地であり、関東の経済的中心だったのである。

また、先述した東寺雑掌の加治木頼平が銭で必要経費を計上していることからすると、鎌倉は物資の集積地であると同時に、銭貨も集積するような貨幣経済が進展した都市だったのであろう。大音文書に収められた文保二年（一三一八）九月十日　源《みなもとの》　某《なにがし》袖判下知状には、年貢の銭納について次のように記されている。

> 永仁の在鎌倉以来、多年、色代《しきだい》を以て弁《わきまえ》を致しおわんぬ。随《したが》って度々《たびたび》、高直《たかね》の訴訟を致すに依り、優免せられおわんぬ。今更何の異儀に及ばんや。訴訟の趣、沙汰の限りに非《あら》ず。但し在国の時は、現色《げんしき》を以て其の沙汰あるべし。

永仁年間（一二九三〜九九）に在鎌倉して以来、年貢は銭貨（色代）で支払い（弁）をしてきており、今後もそれは変わらない。しかし、自分が現地に滞在（在国）している場合は現物（現色）で支払いをせよ。このように源某がこの文書で決定しているのである。

この決定が実行されたのかどうかは別として、年貢を徴収する側は、鎌倉にいる際には銭で、在国している場合には現物（おそらく米）で年貢を支払うようにと命じているのである。それだけ鎌倉では銭が必要だったということになる。同様の例は若狭国《わかさのくに》太良荘《たらのしょう》でも見られる。京都では銭が必要とされる一方で、百姓たちは銭では納入できないと主張しているのだ。京都や鎌倉といった都市では銭貨が必要だったのであろう。こうして鎌倉は、物資の集積地になると同時に貨幣経済の中心ともなっていった。したがって、鎌倉が東国経済の大きな拠点となっていったと評価することができる。東国御家人たちが、鎌倉に常住しなくても拠点を維持せざるを得なかったのは、鎌倉という都市にこうした性格があったからであろう。

宗教の求心力

現在でも鎌倉に寺社が多く残されているように、鎌倉は宗教的な求心力も持っていた。すでに述べた極楽寺を拠点とする律宗はもとより、鎌倉から追放されたこともある日蓮《にちれん》や、鎌倉入りを目指すも叶わなかった一遍《いっぺん》など、多くの宗教者が鎌倉に拠点を置こうと考えたようである。鎌倉の弁ヶ谷《べんがやつ》には、浄土宗《じょうどしゅう》西山派《せいざんは》が拠点を構えていたことも知られている。鎌倉幕府を取り込むことができれば、教団は一挙に発展すると彼らは考えていたのであろう。鎌倉はさまざまな宗派が教団発展のためにやってくる都市だったのである。

その中で鎌倉幕府ともっとも近い関係となったのは臨済宗《りんざいしゅう》であった。すでに述べたように、鎌倉郊外の山内《やまのうち》には建長寺や円覚寺などの禅宗寺院が建ち並び、京都にも建仁寺《けんにんじ》や南禅寺《なんぜんじ》が建てられた。鎌倉幕府にとって臨済宗は、朝廷やいわゆる旧仏教に対抗できるような、幕府の公式な宗教になったと評価してもいいだろう。大げさにいえば、臨済宗は幕府の国家的な宗教となったのである。

臨済宗の寺院には蘭渓道隆や無学祖元といった宋から亡命してきた禅僧が迎えられた。禅宗の本場中国から著名な僧侶がやってきたのだから、当時の日本の禅僧たちはこぞって彼らとの問答を求め、鎌倉にやってきたことであろう。彼らのやりとりは、中国語と日本語を交えたバイリンガルな形で行われていたという。こうして臨済宗の一大拠点となった鎌倉は、禅宗に興味を抱く多くの人々を引き寄せるようになった。鎌倉幕府が建立した臨済宗寺院が、鎌倉に新たな求心力をもたらしたのである。

鎌倉に建立された寺院の宗派は臨済宗だけではない。鶴岡八幡宮も寺僧を抱える神仏習合の寺社であったし、源頼朝が造営した勝長寿院や永福寺も顕密《けんみつ》仏教系の寺院であった。北条氏一族の中には、東密《とうみつ》とよばれる真言宗《しんごんしゅう》系密教の最高の地位である東寺長者《とうじちょうじゃ》に就任する者も登場するようになるから、幕府は既存の宗派と対立していたわけではなかった。むしろ鎌倉幕府は、畿内の寺院に幕府と縁の深い僧を送り込むなど、顕密仏教を取り込もうとさえ意図していたようにも思える。それでは次にこの顕密仏教と幕府との関係を、順を追って見ていくことにしよう。

源氏将軍の時代には鎌倉に高僧はいないので、大きな儀礼や寺社の造営の際には京都から高僧が招かれた。鶴岡八幡宮をはじめとする鎌倉の寺院の長官にも、京都から招いた僧が就任している。しかし九条頼経が将軍となって京都と鎌倉との交流がさかんになると、京の高僧が鎌倉へ下向する一方で、鎌倉の僧が畿内の寺院へ赴くことも多くなっていく。そして宗尊親王が将軍となって以降は、将軍に対する祈禱も朝廷で実績として認められるようになる。また幕府の朝廷に対する優位がさらに進んだことによって、僧侶の昇進に関する幕府の推薦が実質的決定といえるほどの重みを持つようになっていく。そのため、昇進を目指して鎌倉にやってくる僧侶も増えていくようになる。中には鎌倉に居住したまま畿内寺院の長官となる者も登場しはじめる。彼らは畿内寺院に代官を派遣することで一応の責任を果たしていた。鎌倉に滞在することが、彼らの昇進に有利に働いたことは間違いあるまい。京都の僧侶に比べればその数は多くはないが、鎌倉幕府は顕密僧に対しても求心力をもっていたのである。その背後には、僧侶が昇進するための幕府による推薦が重要な位置を占めていたことは確かであろう。

新しい鎌倉像――エピローグ

ミクロとマクロの歴史学

本書の「鎌倉の御家人」では、ミクロな視点から御家人の存在形態を検討して御家人の人間味あふれる姿を描き出し、「北条氏の邸宅をさがせ」では断片的な史料をつなぎ合わせて北条氏の邸宅のありかを特定していった。「鎌倉にお寺が多い理由」では、もう少し視野を広げ、鎌倉に点在する寺院が建立された理由を三種類に分類した上で、都市における寺院のあり方を明らかにした。そして「鎌倉的都市、都市的鎌倉」では、鎌倉全体にまで検討対象を広げ、新たな鎌倉像を提示するとともに、鎌倉が列島全体に対していくつかの求心力を持っていたことを示し、よりマクロな視点で鎌倉という都市を位置付けた。本来ならば、マクロな視点から始めて次第に視点をせばめてミクロな視点にまで移っていくという順序にするのが一般的なのかもしれないが、あえて本書ではミクロからマクロへという視点の変化を採用した。

こうした視点の変化を採用した最大の理由は、歴史が人々のミクロな営為の積み重ねによって生まれると考えたからである。鎌倉に住む人々の存在なしには都市鎌倉を語ることはできないし、御家人の存在形態や北条氏の邸宅の位置を知らずして鎌倉幕府を論じることもできない。都市論や幕府論は場合によっては抽象的になりすぎて面白味に欠けることもあるし、大きな議論ばかりをふりかざしては、自分の縛られている常識に惑わされることにもなる。そこで、ミクロの世界を積み重ねることによってマクロな世界を論じるという順序で叙述しようと考えたのである。自身の研究がミクロからしか始められなかったという都合もあるが、だからこそ、筆者が感じたような積み上がっていく感覚を本書に詰め込みたかったという思いもある。本書はどの部分から読み始めても意味が通じるようにしたつもりだが、一度くらいは最初から順に頁を開いていただければ、筆者の感覚もご理解いただけるのではないかと思う。

共感の歴史学

本書の「鎌倉の御家人」では、鎌倉における御家人のあり方を検討して、鎌倉のミクロな世界を見てきた。鎌倉に出仕したがらない御家人の存在や、一族内分業によって在京・在国・在鎌倉と住み分ける武士の存在形態も確認できたのではないかと思う。ミクロな視点から浮き彫りにされた御家人の姿を見て、少しはくすりと笑えてもらえただろうか。現代人とも通じる彼らの心情や言動に感情移入してもらえたのならば、これに勝る喜びはない。もちろん時代によって人々の思想の基盤は異なるが、歴史のおもしろさのひとつには、現代人と通じる感覚が数百年も前の人々にも確認できることにあるのではないかと思う。

歴史のおもしろさといえば、今まで分かっていなかったことが解明されていくということもそのひとつに数えられるだろう。歴史を明らかにしていくためには、その前提に信用に耐える根拠がなければならない。文字史料なり考古学的な資料がその根拠となりうる。本書「北条氏の邸宅をさがせ」では、断片的な史料を駆使して北条氏の邸宅の位置を特定していった。史料をつなぎあわせて少しずつ結論へとむかっていく過程を、パズルゲームを解いていくかのように楽しんでもらえただろうか。

北条氏の邸宅の位置を特定する作業は、実は筆者が卒業論文で挑戦した課題である。本書「鎌倉にお寺が多い理由」で義時当時館の位置を特定したのも卒業論文をまとめる際に気付いたことだ。歴史の勉強を始めたばかりの当時は、『吾妻鏡』を読み込んでいくだけでも頭がクラクラするほどつらい作業ではあったが、さまざまな仮説を作っては壊し、ようやくつじつまの合う結論に達したときには、目の前の暗闇が一気に晴れていくような気がした。今でもその時の快感は忘れられない。本書をまとめる際には、面倒な史料解釈や理論操作を省略して結論だけを示すという選択肢もあったのだが、その時の快感を読者にも味わってもらいたいと思って、あえてまどろっこしい手順を踏んだわけである。筆者の感じた歴史のおもしろさが少しでも伝わっていればと切に願う。

違いの分かる歴史学

過去の事柄や人々の姿に共感したり、本書のような書物に共感することが歴史のおもしろさの表側だとすれば、その裏側には、全く逆に自分との違いを感じるということのおもしろさもある。時代によって人々の考え方や発想、行動形態は異なるものだ。地域によっても違うだろう。だから、共感ばかりを追い求めていては自分と異なるものは理解できなくなってしまう。現代でも、靴をはいたまま家に入るという西洋の習慣を、日本人はなかなか実行することはできないだろう。異文化を理解するには、自分の頭の中にある常識を一度取り払わなくてはなるまい。対象が過去の文化ならばなおさらだ。

本書の「鎌倉に寺院が多い理由」では、さまざまな契機でつくられる寺院の多様性とともに、鎮魂という寺院が持つ本来の役割についても、現代的な観点から若干の問題提起を試みた。鎌倉時代から戦死者の供養は敵味方の区別なく行われていることに現代人は注目しなければなるまい。

現代においてしばしば用いられる「伝統的」という言葉は、実はあまり歴史を持っていないことが多い。たいていが現代人の記憶している程度の時間であり、個人の記憶に負うところが大きいのである。したがって、現代人の常識で「伝統的」であると決めつけてはならない。過去の事柄や人々の発想を現代的な感覚だけで見てしまっては、本質的な部分を見誤ることになろう。

その意味でも、寺院が建てられる理由が、個人の菩提を弔うものであったり、境界を象徴するものであったり、敵味方なく戦死者を鎮魂するものであったりと実に多様であることが、現代人にとって違和感を覚えることであっても受け入れることの方が重要だ。同様に、鎌倉の寺が敷地に住む人々から地子とよばれる借地料あるいは借家料を徴収していたという、俗っぽい側面をもっていたことも、現代の感覚とは別に事実として受け入れなければなるまい。違いを無視して過去の事柄や人々の発想を現代の枠組みにむりやり押し込んではならないのである。むしろ現在と過去との間に違いがあることにこそ、歴史のおもしろさが隠れているといえよう。

同じことは、「都市的鎌倉、鎌倉的都市」でまとめたことにも通じる。鎌倉時代の歴史や都市鎌倉といった本書のテーマに限らず、常識だと思いこんでいたことにどれだけの根拠があるのか、それまで常識だと思われていたことをくつがえすのがどれだけ難しいか、ということが、本書の隠れたテーマである。自分が常識だと思いこんでいたことの誤りを認めるのには勇気が必要だ。しかしそれを恐れていては、時間や空間の違いを含めた異文化を理解することはできない。極端にいえば、隣人を理解することさえもできないはずである。若宮大路が聖なる道で一般人の出入りが禁止されていたとか、若宮大路を京都の朱雀大路になぞらえて鎌倉に四角四面の都市計画が施されていたとか、若宮大路をはじめ多くの防御施設が作られた天然の要害である鎌倉は城塞的都市であったとかいうような多くの誤解は、いずれも現代人のイメージが先行して作られてしまったものである。歴史を見るときに現代的な物差しを当てはめることは無意味ではないが、時間が離れれば離れるほど、なるべく当時の人々の考えに沿うような発想をするべきであろう。少なくともそうした努力は必要である。時間を空間に置き換えれば、遠ければ遠いほど、その土地の人々の常識を知ろうと努力しなければならないということだ。「郷に入っては郷に従え」という言葉は、時間的に離れた世界を知ろうとする歴史学にも通じることなのである。

更新しつづける歴史学

もちろん筆者の描いた世界もまた、筆者の頭の中にある常識に縛られている。その常識も批判にさらされなければなるまい。本書に記した世界に読者が違和感を覚えることもきっとあるだろう。もしそうした感覚が芽生えたならば、是非とも筆者の見解にも批判の目を向けながら読み進めていただきたい。

鎌倉は考古学的な資料と文献史料とが豊富に残る希有な都市だ。現在も鎌倉では常に発掘調査が行われている。毎日のように鎌倉を考えるための材料が土の中から掘り出されているのだ。考古学の成果はこれからも新たな鎌倉像の材料を提供してくれるだろう。これからいくらでも鎌倉のイメージは変わる可能性があるということだ。

　今後の発掘調査によっては、本書の見解をくつがえすような成果が出てくることも充分に考えられる。もちろんその時には、自分の見解を取り下げることはやぶさかではない。筆者はそこでまた新たな見解を再提示すればいいだけのことである。したがって本書は、筆者が思い描く現段階での鎌倉像に過ぎない。自分の見解には文献史料や考古資料の根拠があるという自信は持っているが、現段階であっても将来であっても、本書の内容を批判するのは読者の自由だ。その時々の読者の常識と現段階における筆者の常識がぶつかり合いながら、文献史料と考古資料とを整合的に組み合わせつつ、少しでも豊かな鎌倉のイメージがいろいろな人々の中に生まれてくれれば幸いである。

あとがき

このあとがきを書いている直前の二〇一〇年三月十日に、鶴岡八幡宮の大銀杏が倒れた。伝承では樹齢千年以上といわれ、源実朝暗殺の折には実行犯の公暁が身を隠していたとも伝えられる銀杏である。鎌倉を研究対象とする私にとっても、胸が痛むできことだ。

しかし、この大銀杏は実際には樹齢五百年程度だという説が有力である。もしこれを信じるならば、鎌倉時代にあの銀杏はなかったことになる。たとえ伝承のとおりに樹齢千年であったとしても、鎌倉時代に人が一人隠れられるほどの大木であったとは信じがたい。鎌倉を愛する一人として、大銀杏が倒れたのは非常に残念なことではあるが、これを機会に、公暁《くぎょう》があの銀杏の木の陰に隠れていたとする俗説は、史実である可能性は低いということが再認識されればと思う。

その大銀杏の前には、義経の愛妾であった静御前が舞ったといわれる「舞殿《まいどの》」がある。しかし、『吾妻鏡』文治二年（一一八六）四月四日条によれば、静が舞ったのは鶴岡八幡宮の「廻廊《かいろう》」であった。おそらく現在の舞殿のある平地の周囲に廻廊がめぐらされており、静はそこで舞ったのであろう。大銀杏と鶴岡八幡宮の舞殿に関しても、これを機会に誤解が解けることを願いたい。もちろん伝承のもつ価値は変わらないが、伝承と史実とを峻別しながら、常に新たな鎌倉の歴史像が描かれるべきであろう。

などとエラそうなことを書いておきながら恐縮だが、私と鎌倉との関係は、実はそれほど長いものではない。大学生の頃に所属するゼミで鎌倉を訪れ、それがきっかけとなり、鎌倉で発掘を始めたのが一九九四年末のことである。その時からまだ一六年しか経っていない。鎌倉市民のほうが私よりも詳しいことも多いだろう。しかも私は、発掘を始めた頃には鎌倉に関する知識がほとんどなかった。発掘現場で「そんなことも知らないのか」と呆れられたり怒鳴られたりしたことも一度や二度ではない。そんな無知な私に対して、ことあるごとにいろいろと教えてくれた方々には心から感謝したい。考古学の基本が発掘現場にあり、発掘現場では大学で得た知識などよりも経験が一番大事だということを、大学生の段階で実感できた私はとても幸せなのだろう。

発掘現場でお世話になった方の中でも、馬淵和雄氏と岡陽一郎氏のお名前はここで特に記して謝意を表したい。馬淵氏は、発掘に使う道具の名前から考古学の方法論、中世における鎌倉の位置づけ、文献史学と考古学との協業の行く末など、それこそミクロからマクロまで幅広くご教示くださった方である。岡氏は鎌倉で発掘をしないかと私を誘ってくれた張本人である。考古学と文献史学との協業の先頭に立つ氏の姿勢は、文献史学を専門とする私の研究にも大きな影響を与えた。私の鎌倉研究は、お二人によってその第一歩を踏み出すことができたのだと思う。お二人がいなければ、私は大学院に進まなかっただろうし、もちろん本書を書き上げることもできなかった。本書の刊行によってお二人のご恩に少しでも報いることができれば幸いである。

こうして本書を書き上げてもなお、私が鎌倉市民にとってよそ者なのではないかという不安はいまだにぬぐえないでいる。よそ者の私が、得意気に鎌倉について書いているのを苦々しく思う方がいらっしゃるとしたら、なんともお詫びのしようもない。学生時代に授業の合間を縫って、中野区の実家から二時間かけて鎌倉まで通い、汗と土と泥と、時折ビールにまみれて発掘をしてきた実績が少しでも認められればと願うばかりである。なお、ビールにまみれていたのは発掘作業が終わってからであることは明記しておこう。

いろいろな方のおかげで、私も鎌倉に関する本を書けるまでに成長することができた。研究者としての私は、鎌倉に育ててもらったとも言える。いくらかの発掘経験はあるものの、私の専門は文献史学であり、文字史料から歴史を考える立場にある。しかし、鎌倉に関する文字史料は数が限られている。それに対して、発掘調査は常に新しい材料を提示してくれる。発掘に携わり報告書を刊行してくれる方々には、大いに感謝しなければなるまい。掘り出された鎌倉の土や泥のにおい、そしてこれまで発掘に携わってきた人たちの汗のにおいが、本書から少しでも伝わっていれば、望外の幸いである。

二〇一〇年三月

世田谷の梅が咲く丘にて

秋山哲雄

参考文献

赤澤春彦　二〇〇三年「陰陽師と鎌倉幕府」『日本史研究』四九六
秋山哲雄　二〇〇六年『北条氏権力と都市鎌倉』吉川弘文館
秋山哲雄　二〇〇八年「移動する武士たち」『国士舘史学』一二
秋山哲雄　二〇〇九年「都市の地主」高橋慎一朗・千葉敏之編『中世の都市―史料の魅力、日本とヨーロッパ―』東京大学出版会
秋山哲雄・細川重男　二〇〇九年『討論 鎌倉末期政治史』日本史史料研究会
網野善彦　二〇〇七年『網野善彦著作集』一三「中世都市論」岩波書店
石井進・網野善彦編　一九八九年『よみがえる中世』三「武士の都鎌倉」平凡社
石井進　二〇〇五年『石井進著作集』九「中世都市を語る」岩波書店
石井進　二〇〇五年「浄光明寺敷地絵図に記された人物は誰か」大三輪龍彦編『浄光明寺敷地絵図の研究』新人物往来社
上横手雅敬　一九九一年『鎌倉時代政治史研究』吉川弘文館
上横手雅敬　二〇〇一年「源頼朝の宗教政策」上横手雅敬編『中世の寺社と信仰』吉川弘文館
大三輪龍彦編　一九八三年『中世鎌倉の発掘』有隣堂
大三輪龍彦編　二〇〇五年『浄光明寺敷地絵図絵の研究』新人物往来社

鎌倉考古学研究所編　一九九四年　『中世都市鎌倉を掘る』日本エディタースクール出版部
鎌倉考古学研究所・鎌倉市教育委員会　二〇〇八年　『第18回鎌倉市遺跡調査・研究発表会発表要旨』
鎌倉市教育委員会編　一九七一年　『としよりのはなし』
川合康　二〇〇四年　『鎌倉幕府成立史の研究』校倉書房
川合康　二〇〇六年　「鎌倉幕府研究の現状と課題」『日本史研究』五三一
河野眞知郎　一九九五年　『中世都市鎌倉』講談社
黒田日出男　一九九三年　『王の身体 王の肖像』平凡社
佐藤進一　一九四三年　『鎌倉幕府訴訟制度の研究』（岩波書店版は一九九三）
斉藤利男　一九九九年　「「宿館」「宿所」と「本宅」」『国立歴史民俗博物館研究報告』七八
清水亮　二〇〇七年　『鎌倉幕府御家人制の政治史的研究』校倉書房
下村周太郎　二〇〇八年　「鎌倉幕府の確立と陰陽師―政治史・国家史の視点から―」『年報中世史研究』三三
宗臺秀明　二〇〇八年　「中世鎌倉の都市性」中央大学考古学研究会編『白門考古論叢』Ⅱ
鈴木弘太　二〇〇六年　「中世「竪穴建物」の検討―都市鎌倉を中心として―」『日本考古学』二一
鈴木弘太　二〇〇八年　「『浄光明寺敷地絵図』からみる鎌倉の「町屋」―「町屋」管理の一様相をめぐって―」『文化財学雑誌』四
平雅行　一九九四年　「鎌倉仏教論」『岩波講座日本通史』巻八中世二　岩波書店
平雅行　二〇〇二年　「鎌倉における顕密仏教の展開」　伊藤唯真編『日本仏教の形成と展開』法藏館

高橋慎一朗　一九九六年「京都大番役と御家人の村落支配」『日本歴史』五七五
高橋慎一朗　一九九六年『中世の都市と武士』吉川弘文館
細川重男　二〇〇〇年『鎌倉政権得宗専制論』吉川弘文館
高柳光壽　一九五九年『鎌倉市史　総説編』吉川弘文館
貫達人・川副武胤　一九八〇年『鎌倉廃寺事典』有隣堂
保立道久　一九九〇年「町の中世的展開と支配」高橋康夫・吉田伸之編『日本都市史入門』Ⅱ　東京大学出版会
松尾剛次　一九九二年「武士の首都「鎌倉」の成立」石井進編『都と鄙の中世史』山川出版社
松尾剛次　一九九二年「中世都市・鎌倉」五味文彦編『中世を考える　都市の中世』吉川弘文館
松尾剛次　一九九三年『中世都市鎌倉の風景』吉川弘文館
馬淵和雄　一九九四年「武士の都鎌倉─その成立と構想をめぐって─」網野善彦・石井進編『都市鎌倉と坂東の海に暮らす』新人物往来社
村井章介　一九九五年『東アジア往還─漢詩と外交─』朝日新聞社
盛本昌広　二〇〇八年『贈答と宴会の中世』吉川弘文館
湯浅治久　二〇〇五年「「御家人経済圏」の展開と地域経済圏の成立」五味文彦編『交流・物流・越境』「中世都市研究」一一　新人物往来社

著者紹介

一九七二年、東京都に生まれる
一九九六年、東京大学文学部卒業
二〇〇二年、東京大学大学院人文社会系研究科博士課程単位取得退学
二〇〇五年、博士（文学・東京大学）
現在、国士舘大学文学部准教授

主要著書・論文
『北条氏権力と都市鎌倉』『討論 鎌倉末期政治史』（共著）『史跡で読む日本の歴史6 鎌倉の世界』（共著）「移動する武士たち」（『国士舘史学』一二）「鎌倉と鎌倉幕府」（『歴史学研究』八五九）

歴史文化ライブラリー
301

都市鎌倉の中世史
吾妻鏡の舞台と主役たち

二〇一〇年（平成二十二）八月一日 第一刷発行

著　者　秋《あき》山《やま》哲《てつ》雄《お》
発行者　前田求恭
発行所　株式会社 吉川弘文館
東京都文京区本郷七丁目二番八号
郵便番号一一三―〇〇三三
電話〇三―三八一三―九一五一〈代表〉
振替口座〇〇一〇〇―五―二四四
http://www.yoshikawa-k.co.jp/

印刷＝株式会社 平文社
製本＝ナショナル製本協同組合
装幀＝清水良洋

歴史文化ライブラリー

1996.10

刊行のことば

現今の日本および国際社会は、さまざまな面で大変動の時代を迎えておりますが、近づきつつある二十一世紀は人類史の到達点として、物質的な繁栄のみならず文化や自然・社会環境を謳歌できる平和な社会でなければなりません。しかしながら高度成長・技術革新にともなう急激な変貌は「自己本位な刹那主義」の風潮を生みだし、先人が築いてきた歴史や文化に学ぶ余裕もなく、いまだ明るい人類の将来が展望できていないようにも見えます。このような状況を踏まえ、よりよい二十一世紀社会を築くために、人類誕生から現在に至る「人類の遺産・教訓」としてのあらゆる分野の歴史と文化を「歴史文化ライブラリー」として刊行することといたしました。

小社は、安政四年（一八五七）の創業以来、一貫して歴史学を中心とした専門出版社として書籍を刊行しつづけてまいりました。その経験を生かし、学問成果にもとづいた本叢書を刊行し社会的要請に応えて行きたいと考えております。

現代は、マスメディアが発達した高度情報化社会といわれますが、私どもはあくまでも活字を主体とした出版こそ、ものの本質を考える基礎と信じ、本叢書をとおして社会に訴えてまいりたいと思います。これから生まれでる一冊一冊が、それぞれの読者を知的冒険の旅へと誘い、希望に満ちた人類の未来を構築する糧となれば幸いです。

吉川弘文館

〈オンデマンド版〉
都市鎌倉の中世史
吾妻鏡の舞台と主役たち

On Demand
歴史文化ライブラリー
301

2022年（令和4）10月1日　発行

著　者　秋《あき》山《やま》哲《てつ》雄《お》
発行者　吉川道郎
発行所　株式会社　吉川弘文館
〒113-0033　東京都文京区本郷7丁目2番8号
TEL　03-3813-9151〈代表〉
URL　http://www.yoshikawa-k.co.jp/

印刷・製本　大日本印刷株式会社
装　幀　清水良洋・宮崎萌美

秋山哲雄（1972～）

ISBN978-4-642-75701-0